ララチッタ

Vietnam

JN059302

ベトナム

ララチッタとはイタリア語の「街＝La Citta」と、
軽快に旅を楽しむイメージを重ねた言葉です。
最旬ビーチリゾートやかわいい雑貨、
ローカルフードに市場散策など…
大人女子が知りたい旅のテーマを集めました。

ララチッタ ベトナム
CONTENTS

ベトナムで叶えたい
とっておきシーン3

Đà Nẵng／Hội An／Huế
● ダナン／ホイアン／フエ

Hồ Chí Minh
● ホーチミン

別冊MAP

マークの見かた

Ｊ	日本語スタッフがいる	交	交通
Ｊ	日本語メニューがある	住	住所
Ｅ	英語スタッフがいる	Ｈ	ホテル
Ｅ	英語メニューがある	☎	電話番号
Ｒ	レストランがある	時	開館時間、営業時間
Ｐ	プールがある	休	休み
Ｆ	フィットネス施設がある	料	料金
		URL	Webサイトアドレス

その他の注意事項

●この本に掲載した記事やデータは、2023年6月の取材、調査に基づいたものです。発行後に、料金、営業時間、定休日、メニュー等の営業内容が変更になることや、臨時休業等で利用できない場合があります。また、各種データを含めた掲載内容の正確性には万全を期しておりますが、おでかけの際には電話等で事前に確認・予約されることをお勧めいたします。また、各種料金には別途サービス税や付加価値税(VAT)などが加算される場合があります。なお、本書に掲載された内容による損害等は、弊社では補償いたしかねますので、予めご了承くださいますようお願いいたします。
●地名・物件名は、なるべく現地語に近い発音で表示しています。
●本書の住所は現地にならって記載しています。現地の階数表示は日本と異なり、日本での1階はGF、2階が1F、3階が2F…となりますのでご注意ください。
●休みは基本的に定休日のみを表示し、クリスマスや年末年始、旧正月、夏季(秋・冬・お盆)休業、国の記念日など祝祭日については省略しています。
●料金は基本的に大人料金を掲載しています。

事前にチェックしよう！

ベトナム早わかり

南北約1650kmに及ぶ広い国土をもつベトナム。細長い国土の各地には、
魅力的な街が点在している。北部の首都ハノイ、南部の大都市ホーチミン市、
美しい海が広がる中部のリゾートなど、それぞれの魅力を満喫しよう！

ハノイ・タンロン王城遺跡中心地区
Central Sector of the Imperial
Citadel of Thang Long - Hanoi P60

❻ ハノイ
Hà Nội ➡P99

バッチャン
Bát Tràng P128

ハロン湾
Ha Long Bay P14、60、126

○ニンビン
Ninh Binh

チャンアン複合景観
Trang An Landscape
Complex P60

○タインホア
Thanh Hóa

ホアルー
Hoa Lư

胡王朝の城塞
Citadel of the
Ho Dynasty P60

タムコック
Tam Cốc

バックボ湾
Vịnh Bắc Bộ

● フォンニャ・ケバン国立公園 P60
Phong Nha - Ke Bang National Park P60

❶ ダナン
Đà Nẵng ➡P28

フエ ❸
Huế
➡P48

ハイヴァン峠

フエの建造物群
Complex of Hue Monuments P14、50、60

ミーソン聖域
My Son Sanctuary P14、47、60

ホイアン ❷
Hội An
➡P38

古都ホイアン
Hoi An Ancient Town
P60

ニャチャン ❹
Nha Trang
➡P58

メコン川
Mekong

クチ
Củ Chi
○P97

○ミトー
Mỹ Tho
P96

フーコック島○
Đảo Phú Quốc

❺ ホーチミン市
TP. Hồ Chí Minh ➡P61

N

0 ──── 200km

基本情報

国名：ベトナム社会主義共和国
首都：ハノイ
人口：約9850万人（2021年）
面積：約33万1344km²（2021年）
言語：ベトナム語
通貨とレート：VND＝62円
（2023年6月現在）
時差：－2時間
ベストシーズン：ハノイを中心と
する北部は10～12月、ホーチミン
市のある南部は11～4月ごろ、ダ
ナンやホイアン、フエを擁する中
部は2～4月がベスト。気温と降水
量、祝祭日については→P135

注目のビーチリゾート

❶ ダナン ➡P28
Đà Nẵng

中部観光の玄関口といえる港町。
長い白砂のビーチは国内有数の
美しさで、世界的な高級リゾート
ホテルも次々とオープン。日本か
らの直行便も就航され、急速に人気を集
めているエリア。

1：ハン川沿いの市街地
には観光スポットが集ま
る　**2**：サーフィンなど
のマリンアクティビティ
も楽しめる

4

ランタンが彩る街並み

❷ ホイアン ➡P38
Hội An

朱印船貿易時代から海上交易で栄えた港町。かつては日本人もこの地域に住んでいたといわれており、旧市街は世界遺産にも登録されている。夜は街全体がランタンの明かりに包まれる。

1：来遠橋はホイアンのシンボル 2：18世紀ごろからの家屋が残るホイアン旧市街

伝統が残るグエン朝の古都

❸ フエ ➡P48
Huế

ベトナム最後の王朝であるグエン朝の都が置かれた都市。周辺には王宮や帝廟などの多くの歴史的な建造物が点在。今も往時の雰囲気を感じることができる、歴史好きにはたまらないエリア。

歴代の皇帝が暮らしたグエン朝王宮

中南部のリゾート地

❹ ニャチャン ➡P58
Nha Trang

かねてからベトナムを代表するビーチリゾートとして高い人気を誇るエリア。リゾートタイプからシティタイプまで、幅広いホテルが揃い、スパやグルメなどの街なかの楽しみにも事欠かない。

国内外から多くの人がバカンスに訪れる

最先端の流行発信地

❺ ホーチミン市 ➡P61
TP. Hồ Chí Minh

高層ビルが立ち並ぶベトナム最大の商業都市。早くから経済発展を遂げ、街なかにはお洒落なショップやレストランが充実。クチトンネルやミトーなど、周辺のみどころも多い。

1：ニッパヤシが生い茂るメコンデルタへ 2：フォーや生春巻などベトナムの美食が充実 3：ホーチミン市の顔、人民委員会庁舎

1000年の歴史を刻む首都

❻ ハノイ ➡P99
Hà Nội

1009年に開かれた李朝から続く、ベトナム北部にある首都。ホアンキエム湖を中心に豊かな緑と水をたたえる美しい街並みが広がる。水上人形劇や旧市街など街なかにもみどころが多い。

1：ホーチミン廟は国の聖地ともいえる場所 2：奇岩が連なる世界遺産のハロン湾 3：職人街として発展してきたハノイ旧市街

ベトナムを楽しみ尽くす！

4泊5日モデルプラン

北・中・南部と各地で異なる魅力をもつベトナム。そこでビーチリゾートの
ダナン＋1都市のおすすめプランをご紹介。

DAY1

直行便で楽々到着

初日はホテルで
リゾートを満喫

13:45
ダナン国際空港着
↓ 車で20分
15:00
ビーチ沿いのホテル
（→P18）にチェックイン
↓
18:00
夕方までゆったり休憩、
夜ごはんは優雅に
ホテルのダイニングで

> 新鮮な
> シーフードは
> 必食！

中華人民共和国

ベトナム

ハノイ
ディエン・ハイフォン
ビエンフー
ラオス
ヴィン

飛行機で
約1時間20分
（ダナン～ハノイ）

車で約45分
（ダナン～ホイアン）

フエ
車で約2時間
（ダナン～フエ）
ダナン
ホイアン

飛行機で
約1時間20分
（ダナン～ホーチミン市）

タイ

プレイク
クイニョン
カンボジア
バンメトート

ダラット
フーコック
ホーチミン市
ニャチャン

トンキン湾

南シナ海

ベトナム全体図

DAY2

2都市を駆け抜ける！

ダナン&ホイアン
街歩き

8:00
ダナン大聖堂（→P32）や
チャム彫刻博物館（→P32）を見学、
コン市場でお買い物（→P36）
↓ 徒歩10分
12:00
ダナン名物（→P30）のランチ
↓ 車で30分
13:30
五行山（→P34）をひと巡り、
ホイアンへ
↓ 車で30分
15:30
ホイアン旧市街を散策（→P40）
↓
18:00
ホイアン3大名物（→P44）の夕食、
グエン・ホアン・ナイト・マーケット（→43）
を見学

五行山見学は急いで1時間30分

ADVICE!
ホイアンの日中は気温が上がり散
策には不向き。午前中か、日が傾き
始めてからまわるのがベストタイム。

> ピンク色の
> 外観は写真映え
> もGood！

黄色い壁の旧家が連なるホイアン旧市街

ナイト・マーケッ
トには屋台もあり
食べ歩きも楽しい

DAY3

午前中はのんびり
ビーチリゾート＆ホーチミン市街歩き

ADVICE!

ホーチミン市は夕方になると交通渋滞が激しく車での移動に時間がかかることも。状況を見て徒歩か車か移動手段を判断しよう。

目にも美しい料理にうっとり

ビーチではサーフィンボードなどのレンタルもある

8:00
ホテルのプールやビーチでリゾート気分を満喫

↓ 車で20分

13:00
午後便でホーチミン市へ

↓ 飛行機で1時間20分

15:30
ホテル（→P94）にチェックイン

↓ 徒歩15分

16:00
聖母マリア教会（→P65）や中央郵便局（→P65）、ベンタイン市場（→P86）を見学

↓ 車で10分

18:30
邸宅レストラン（→P78）でベトナム料理のディナー

ベンタイン市場は17時ごろから店が閉まり始めるので注意

アレンジプラン

ハノイを訪れる場合も基本的な動きは同じだが、ノイバイ空港から市内中心部へは1時間ほどかかるため、時間に余裕のあるスケジュールを立てよう。

DAY4

大自然がお迎え
悠久の大河メコンクルーズ

ADVICE!

スパの代わりに買い忘れたみやげなどを購入するのもOK。

ボディマッサージは60分コース以上のものが多い

8:00
日帰りツアー（→P96）でミトーへ

↓ 車で2時間

10:30
ミトー散策と手漕ぎボートでのジャングルクルーズ、ホーチミン市へ

↓ 車で2時間

16:00
ホーチミン市の街スパでリラックス（→P90）

↓

21:00
夕食後、タン・ソン・ニャット国際空港にチェックイン

手漕ぎボートでアドベンチャー体験！

見た目と裏腹にクセのない味の象耳魚はメコン川の名物

DAY5

日本に帰国

8:00
成田国際空港着

ベトナムで叶えたい♥ とっておきシーン3

ベトナムで絶対に体験したい3つのシーン！
歴史を肌で感じられる世界遺産や、SNS映え必至のおすすめスポット、
そして食の宝庫ベトナムの王道グルメなど、
女子旅にぴったりなベトナムの魅力をご紹介します！

SCENE 1

旅がもっと楽しくなる！
フォトジェニック・スポット

ベトナムにはかわいくて個性的な場所が
いっぱい！カラフルだったりお洒落だったり、
とっておきのスポットで、
旅の思い出を盛り上げてくれる
自分だけの1枚を手に入れよう。

3区 ＼ココを訪問／
タン・ディン教会
Nhà Thờ Tân Định

ホーチミン市で2番目の高さを誇
るカトリック教会。ピンク色の外
観が写真撮影に最適と人気急上
昇中の建物だ。内部へはミサの時
間のみ入ることができる。

別冊MAP P12B1 ②市民劇場から
車で13分 ⑭289 Hai Bà Trưng,
Q.3 ⑯5〜19時ごろ。教会内はミ
サの時間帯のみ入場可 ※ミサの
開催時刻5時、6時15分、17時30
分、19時（日曜5時、6時15分、7
時30分、9時、16時、17時30分、
19時 ㉁なし ㉄無料

教会前の道路を渡った
ところから撮ると、建物全体
を写真に収められる

Spot 1
カラフル＆ファンシーな色使いに注目！

ホーチミン市のタン・ディン教会やス
リ・タンディ・ユッタ・パニ寺院はファ
ンシーな色使いがかわいいと評判。ど
こも多くの旅行者で賑わうが、花柄の
タイルなど小物にも注目しながらお気
に入りのスポットを見つけよう。

ミサの時間は信者
の妨げにならない
ように静かに見学
しよう

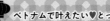

＼ココを訪問／

トンタットティエップ通り
スリ・タンディ・ユッタ・バニ寺院
Sri Thenday Yuttha Pani

ホーチミン市の中心部にあるヒンドゥー教寺院。エメラルドグリーンの内装と壁に貼られたカラフルなタイルがレトロかわいいと評判。撮影は太陽の光が差し込む日中がベスト。

別冊MAP P15C3 ⊗市民劇場から徒歩8分 ⊕66 Tôn Thất Thiệp ⊕6〜19時 ⊕なし ⊕無料

中央の祭壇を取り囲むようにタイルの壁が続く

レトロでかわいい！

タイルを背に一枚！
日中の撮影がおすすめ

劇場前の大階段は結婚写真の撮影にも使われる人気スポット

フランスのオペラ座を模して造られた

Spot **2** 優雅なコロニアル
建築でスナップ！

華やかな装飾が施されたコロニアル建築はパリを思わせる雰囲気。フランス領時代に建てられた名建築がホーチミン市やハノイなど、各地に数多く残っているので、往時を偲びながらシャッターを切ろう。

ホアンキエム湖周辺 ＼ココを訪問／
ハノイ・オペラ・ハウス
Nhà Hát Lớn Hà Nội

1911年に完成したハノイを代表するコロニアル建築。通常は音楽などを公演する劇場として使われ、イベント時以外は入館不可。ライトアップされた姿も美しい。

別冊MAP P23D2 ⊗ホアンキエム湖から徒歩5分 ⊕1 Tràng Tiền ☎024-39330113 ⊕通常は入館不可 ⊕なし ⊕無料

美しい連続アーチが連なるホーチミン市の中央郵便局も(→P65)

Spot 3

個性派カフェで
映画のような
ワンシーンを

ヨーロッパを思わせるコロニアル風のカフェや、レトロな内装のカフェなど、ベトナムには個性的なカフェがいっぱい。本格的なコーヒーを味わいながら、素敵なカフェタイムの一場面を切り取って。

こだわりを感じる内装の
4階のソファ席

ホアンキエム湖周辺 ＼ココを訪問／
セランカフェ＆ラウンジ
Serein Café & Lounge

フランス植民地時代に建設されたロンビエン橋を上から撮影できるポイントとして有名。テラス席はいつもポーズを決めるベトナム人の若者で賑わう。3階でオーダーを済ませて4階へ上がろう。

別冊MAP P21C1 ⊗ホアンキエム湖から徒歩15分 ⊕16 Trần Nhật Duật
☎090-4176146 ⊕8～23時 ⊛なし
ⒺⒺ

ロンビエン橋が見られるテラス席は2人掛けのみ。人がいるときは声をかけて撮影させてもらおう

プライベートビーチから
五行山を望む
絶好のロケーション

Spot 4

南国のビーチで
リゾートタイム！

中部ダナンのリゾートホテルでも、シャッターチャンスがいっぱい。特にこの地域のビーチは、そのほとんどが東向きのため、少し早起きして美しい朝日を押さえたい。

＼ココを訪問／
ダナン
ハイアットリージェンシー
ダナン・リゾート＆スパ→P21
Hyatt Regency Danang Resort & Spa

客室はほとんどがオーシャンビューで
目的に合ったタイプを選べる

Spot5

ランタンに包まれた 幻想的な夜

＼ココを訪問／
ホイアン
ホイアン旧市街→P40
Phố Cổ Hội An

グエン・ホアン・ナイト・マーケット→P43
Chợ Đêm Nguyên Hoàng

世界遺産の街・ホイアンの旧市街では、日が暮れると街中がランタンの明かりに包まれる。人通りも増え、賑やかな雰囲気はまるでお祭りのよう。写真を撮りながら、幻想的な街並みを巡ろう。

夜歩くのが楽しい♪

ナイト・マーケットのランタンショップは絶好の写真スポット

街を彩るカラフルなランタンにテンションが上がること間違いなし

Spot6

世界中から 注目を集める 巨大な手と パシャリ！

ベトナムの中部の街・ダナンの山頂にあるテーマパーク。中世フランスの街並みをイメージしたエリアやアトラクションなど、みどころ満載。特に、巨大な手に支えられた橋・ゴールデンブリッジでの写真は素敵な一枚になること間違いなし！

＼ココを訪問／
ダナン郊外
バーナーヒルズ→P33
Bà Nà Hills

長さ5771m、標高差1487mでギネス記録に登録されたケーブルカーも

SNSなどを通して世界中から注目を集めるゴールデンブリッジ

Phở Bò
フォー・ボー

フォーはハノイ発祥の国民的麺料理。牛肉を入れたフォー・ボーのほか、鶏肉を使ったフォー・ガーもある。

Thịt Kho Trứng
豚肉と卵の煮付け

豚の三枚肉をココナッツジュースとヌックマムでコトコト煮込んだ、ご飯がすすむ一品。味の染みたゆで卵も美味。

Tôm Hấp Nước Dừa
エビのココナッツジュース蒸し

新鮮なエビをココナッツジュースで蒸し上げたもの。エビの身はふっくらやわらか、塩こしょうにライムを加えたタレで食べる。

SCENE 2

おいしくてヘルシー！
笑顔がこぼれる
王道絶品グルメ10

日本人の味覚にも合うベトナム料理。
野菜をふんだんに使用し、
ヘルシーなのもうれしいところ。
魚醤ヌックマムをベースとした
味付けが基本だが、
さまざまなバリエーションがあるので、
店のメニューに見つけたら、
いろいろ食べ比べてみよう。

Canh Chua
カイン・チュア

メコンデルタの名物料理で、タマリンドで味付けした甘酸っぱいスープ。白身魚やエビ、トマトやパイナップルなど、とにかく具だくさん。

Bánh Mì
バイン・ミー

ベトナム風サンドイッチ。カリカリのバゲットにパテやハムを挟んだもののほか、肉団子や目玉焼を具材とするものも。

Gỏi Cuốn
生春巻
米麺ブンやレタス、エビ、豚肉などをライスペーパーで巻いたもの。現地ではおやつ代わりに食べられる。

Rau Muống Xào Tỏi
空芯菜の炒め物
たっぷりのにんにくとともに軽く炒めた空芯菜は、シャキシャキとした食感が楽しい。ビールのおつまみとしても人気。

Bánh Xèo
バイン・セオ
ベトナム南部の名物料理。米粉を使ったパリっとした皮の中には豚肉やエビ、モヤシがたっぷり。

Gỏi Ngó Sen
蓮の茎のサラダ
蓮の根茎をエビなどと一緒に甘酸っぱいタレで和えたサラダ。えびせんの上にのせて食べるのが地元流。

Cá Kho Tộ
カー・コー・トー
ヌックマムに砂糖を加えたカラメルで味付けした魚の土鍋煮。雷魚など白身魚が使われることが多い。

ベトナムで叶えたい♥
とっておきシーン3

ベトナムが誇る大自然や文化に触れる
憧れの世界遺産へ

歴史的、文化的に優れ、後世に伝えるべき価値をもつ世界遺産。
ベトナムでは8カ所が登録されており、皇帝の居城であった王宮や壮大な
ハロン湾など、どれも一度は訪れたい必見のスポットばかり！

龍が舞い降りた
伝説の海

ハロン湾→P126
Ha Long Bay

1994年登録／ハロン湾

ハノイの東にあるハロン湾
は、天から舞い降りた龍に
より造られたといわれる景
勝地。湾内には2000を超
える奇岩がそそり立ち、そ
の自然の造形美は圧巻。

クルーズ船のツアーは日帰りだけでなく
宿泊プランもある

グエン朝王宮→P50
Đại Nội

1993年登録／フエの建造物群

フエの市内中心部にある、1802
年から1945年まで、13代にわた
り続いたグエン朝の王宮。王宮
内には皇帝が執務を執り行った
太和殿などの遺構も残っている。

グエン朝王宮は中国の紫禁城を
模して造られた

ベトナム最後の
王朝の都

ミーソン聖域→P47
My Son Sanctuary

1999年登録／ミーソン聖域

ホイアンから車で1時間ほどの
山中にある遺跡群。2〜17世紀
ごろにかけて栄えたチャンパ王
国の聖地で、美しい彫刻が施さ
れたレンガ造りの塔が林立する。

塔はヒンドゥー教の寺
院で、シヴァ神などの
石像も残されている

山々に抱かれた
聖なる地

ダナン/ホイアン/フエ

Đà Nẵng/
Hội An/Huế

直行便も飛び、アクセス良好なベトナム中部。

極上のリゾートが集まるダナンを拠点に、

世界遺産の古都ホイアン＆フエにも訪れて。

ダナン/ホイアン/フエ
エリアNAVI

日本からダナンへの直行便が就航し、行きやすくなったベトナム中部。
フエやホイアンの世界遺産に加え、リゾートホテルが次々とオープンし、
新たなビーチリゾートとしても注目を集める旬なスポットだ。

中部の各都市へのアクセス

ホーチミン市やハノイ発着の国内便のほか、日本からの国際便も発着するダナン国際空港がベトナム中部の玄関口。フエ、ホイアンもダナンから車でアクセスできる。フエのフーバイ国際空港は日本からの直行便がないが、ホーチミン市やハノイ、ダナンからのアクセスは可。ニャチャンへはホーチミン市、ダナンから空路で向かうのが一般的。

中部のまわり方アドバイス

ダナンを拠点にするとフエやホイアンは車でまわれるため便利。フエ、ダナン、ホイアンの3都市を順にまわる場合は、空路でフエに入り、陸路でダナン、ホイアンを訪れ、ダナン国際空港から帰国するのが効率的。中部の航空便は欠航や遅延が多いため、余裕をもった旅程を心がけたい。

ダナン/ホイアン/フエ

ラオバオ
Lao Bảo

ハノイへ

③ フエ

フーバイ国

① ダナン

ダナン国際空港

ミーソン聖域

② ホイアン

ベトナ
SOCIAL
REPUB
OF VIET

プレイク
Pleiku

③ **フエ**
Huế

19世紀初頭から約1世紀半もの間、グエン朝の都として栄えた古都。グエン朝王宮や美しい帝廟などの建造物群は、世界遺産に登録されている。王宮の中で育まれた、見目麗しい宮廷料理は必食。

別冊MAP P2B2 ⊗ホーチミン市から約640km。フーバイ国際空港へは、ホーチミン市から航空便で約1時間30分、ハノイから約1時間15分。

街の規模	総面積約266km²、人口約49万1000人。
必見スポット	・グエン朝王宮…P50 ・フエ宮廷骨董博物館…P51 ・カイ・ディン帝廟…P57 ・トゥ・ドゥック帝廟…P57
名産品	・宮廷料理 ・ベトナムの七宝焼「ファップ・ラム」 ・ゴマ入り餅「メー・スン」 ・編み笠ノンラー

郊外にある帝廟はそれぞれにデザインも趣も異なる

バンメトート
Buôn Ma Thuột

100km

ホーチミン市へ

グエン朝王宮にある世祖廟には、歴代の皇帝が祀られている

① ダナン
Đà Nẵng

ダナンの街のランドマーク、迫力満点のロン橋

日本からの直行便が発着する中部観光の起点となる街。ビーチ沿いには大型のリゾートホテルが並び、街なかにはモダンなレストランやショップが続々と誕生している。郊外には大型のアミューズメントパークなどもある。

別冊MAP P2B3 ❂ホーチミン市から約600km。ダナン国際空港へはホーチミン市、ハノイの両市から航空便で約1時間20分。

街の規模	総面積約1285km²、人口約119万人。
必見スポット	・ロン橋…P32 ・ダナン大聖堂…P32 ・チャム彫刻博物館…P32 ・五行山…P34
名産品	・カトゥー族などの少数民族グッズ ・オーガニックコスメ ・ベトナム産の原料を使ったチョコレート

ビーチフロントのリゾートで癒やしの休日を満喫

② ホイアン
Hội An

旧市街の古い街並みにはノンラーがよく似合う

東西交易の中継地として栄えた、中部有数の観光スポット。ベトナム・中国・日本・フランスなど、各国の建築様式を折衷した旧家が残る旧市街は世界遺産にもなっている。郊外には世界遺産のミーソン聖域がある。

別冊MAP P2B3 ❂ホーチミン市から約590km。空の玄関口はダナン国際空港で、ホーチミン市、ハノイの両市から航空便で約1時間20分。ダナン国際空港からホイアン市街へは車で約45分。

街の規模	総面積約64km²、人口約10万人。
必見スポット	・ホイアン旧市街…P40 ・ホイアン市場…P42 ・グエン・ホアン・ナイト・ 　マーケット…P43 ・ミーソン聖域…P47
名産品	・オーダーメイドの洋服 ・革製品 ・シルク製品

山中にたたずむミーソン聖域は、チャンパ王国の聖地だった

④ ニャチャン
Nha Trang

中南部に位置するベトナム有数のリゾート地。ハイレベルな隠れ家リゾートなどもあり、極上の休日を満喫できるスポット。市内散策やビーチだけでなく、ダイビングなどマリンアクティビティのメッカでもある。

別冊MAP P2B4 ❂ホーチミン市から約320km。カムラン国際空港へは、ホーチミン市から航空便で約1時間10分、ハノイから約1時間55分。

街の規模	総面積約254km²、人口約42万8000人。
必見スポット	・ニャチャン大聖堂…P59 ・ヴィンパールズ・ニャチャン…P59 ・ダム市場…P59
名産品	・豚肉料理「ネム・ヌーン」 ・ベトナム風さつあげ「チャー・カー」 ・海水塩

街はそれほど大きくなく、街とビーチの両方を同時に楽しめるのも魅力

バックボ湾
(トンキン湾)

● クアンガイ
　Quảng Ngãi

南シナ海

● クイニョン
　Quy Nhơn

● トゥイホア
　Tuy Hòa

● ニンホア
　Ninh Hòa

④ ニャチャン

✈ カムラン
　国際空港

海を臨む広大な山の斜面に
ヴィラが並ぶ

日本からの直行便も運航！

話題の中部リゾートへ

直行便が運航し、日本からアクセスしやすいベトナム中部。
ダナンを中心に、古都フエやホイアンにも上質なリゾートが集合。
話題の中部リゾートで最高のバカンスを！

ダナン

中部の最旬リゾートタウン
→ P19

ハノイ

フエ

古都にタイムスリップ
→ P26

ホイアン

ビーチとタウンで2倍楽しい → P24

ホーチミン市

ここに注目！
広々とした敷地は、ヘブン、スカイ、アース、シーと4つの階層に分かれる。各層は山の斜面に設置された船を模したゴンドラで移動できる。

Room

客室 自然と調和するように配された客室は全13タイプあり、スタンダードでも70㎡の広さを誇る。スパ・ラグーン・ヴィラを除く種類豊富なヴィラはすべてプライベートプール付き。
1. 山の斜面に建てられたヴィラからは、大海原の絶景が楽しめる

レストラン 洗練されたベトナム料理「シトロン」では、屋外にせり出したダイニングブースで絶景を眺めながら食事を楽しめる。ほかにミシュラン3ツ星シェフ監修の本格フレンチ「ラ・メゾン1888」などがある。

Restaurant

3

4

2. ゴージャスな内装の「シトロン」
3.4.「シトロン」で味わえるミークアンとスズキのソテー。価格は時季により異なる

ダナン

世界的ブランドホテルが続々と進出中のダナン。ベトナムで旬なリゾートエリア。

別冊
MAP
P4B3

インターコンチネンタル・ダナン・サン・ペニンシュラ・リゾート
InterContinental Danang Sun Peninsula Resort

有名建築家ビル・ベンスリーが設計した話題の絶景リゾート

緑豊かなソンチャー半島の斜面に立ち、1kmに及ぶ長いプライベートビーチをもつ。リゾート建築の第一人者ビル・ベンスリーが建築から内装まで手がけ、モノトーンを基調に伝統とモダンを融合した空間を演出。客室はすべてオーシャンビューで、眼下に広がる雄大な景色は、思わずため息が出るほど美しい。レストランやスパのほか、ビーチが見渡せる「ロング・バー」、キッズルームや24時間利用できるジムなど、充実した設備も魅力の一つ。

Spa

スパ 音の周波数を用いた独自のトリートメントが受けられる「ミ・ソル・スパ」。アーユルヴェーダ療法の一つ、マルマセラピーを取り入れた3時間コースなど多彩なメニューが揃う。

5. 100％天然植物由来のコスメを使用し、身も心も解きほぐしてくれる

ファシリティCheck!
☑プール
☑スパ
☑アクティビティ
☑送迎サービス（有料）
☑ショップ（1軒）
☑レストラン（3軒）
☑客室無料Wi-Fi

日本語を話せるスタッフもいるので気軽に声をかけてください！

スタッフのリエンさん

DATA
㉄ダナン国際空港から車で35分　㊟Bãi Bắc, Sơn Trà　☎0236-3938888　㊙キング・リゾート・クラシック・オーシャン・ビューUS$480〜　201室

ダナン

海沿いにある野外スペース

ここに注目！
宿泊客はスパやヨガレッスンなど、ウェルネスプログラムがすべて無料！スパにはオーガニック素材を使ったマッサージやトリートメントなど豊富なメニューが揃っているのでぜひお試しを。

ティア・ウェルネス・リゾート

別冊
MAP
P5E4

TIA Wellness Resort

無料のウェルネスプログラムが人気

「リラクゼーション」がコンセプトのヴィラリゾート。宿泊客は滞在中、すべてのスパメニューやヨガレッスンなどのウェルネスプログラムを1日2回無料で利用できる。24時間好きな場所で食べられる朝食、全室プライベートプール付きヴィラなど、プライバシーを重視したホスピタリティが魅力。自分だけのリラックスタイムを追求できるとあって、リピーターも多い。

DATA

🚌 ダナン国際空港から車で15分　🏠 Võ Nguyên Giáp, Q. Ngũ Hành Sơn　☎0236-3967999　料1ベッドルーム プールヴィラ US$500〜　87棟 Ⓙ Ⓔ

ファシリティCheck!

- ☑プール
- ☑スパ
- ☑アクティビティ
- ☑送迎サービス（有料）
- ☑ショップ（1軒）
- ☑レストラン（2軒）
- ☑客室無料Wi-Fi

Restaurant

1

1.2. 天気がよければビーチで朝食を。フルーツや野菜などをたっぷり使い美容にも◎（要前日予約）

2

3. 客室のインテリアは風水にならい、吉を呼ぶ正方形がモチーフ
4. 経験豊富なセラピストが多数在籍。ネイチャー・リビング・マッサージほか、妊婦用セラピーもある

Room

3

Spa

4

ナマン・リトリート
Naman Retreat

自然のなかで心も体も癒やされたい

「自然との共生」と「癒やし」をテーマに、モダンなデザインながら緑を各所に配し、リラックスした滞在を約束してくれる自然派リゾート。宿泊者は1泊につき1回50分の特別トリートメントを無料で受けられる（一部客室を除く）。ベトナムの伝統文化の継承にも力を入れている。

DATA
交 ダナン国際空港から車で25分　住 Trường Sa, Ngũ Hành Sơn　☎0236-3959888　料 バビロンルーム450万VND～、1ベッドルームヴィラ900万VND～　240室 🄔

ファシリティCheck!
☑プール　　　　　　☑ショップ（1軒）
☑スパ　　　　　　　☑レストラン（2軒）
☑アクティビティ　　☑客室無料Wi-Fi
☑送迎サービス（有料）

空と海、木々の緑と、リゾート内は大自然に囲まれた癒やしの空間

1. スパのロビーも水と緑にあふれ、ただいるだけでリラックス　2. 陽光が降り注ぐ開放感あふれるヴィラはプライベートプール付き

ここに注目！
ランタンやベトナムの編み笠ノンラーなどの制作教室も有料で開催している。

ハイハイ・レストランは竹を建材に使い、自然との調和を演出

ここに注目！
移動にカートを利用するほど広い敷地。ほとんどの客室から白砂のノンヌオック・ビーチが見渡せ、リゾート感も満点。

広大な敷地に客室のある宿泊棟が並ぶ

1. アースカラーでまとめられた居心地のよい客室　2. スパではオリジナルコスメを使用したマッサージを提供　3. レストランでは、ベトナム料理、イタリアンなどを楽しめる

ハイアット・リージェンシー・ダナン・リゾート＆スパ
Hyatt Regency Danang Resort & Spa

家族でも訪れたい大型リゾート

スタンダードからレジデンスまで6つのタイプの客室が揃う。広大な敷地には5つのプールもある。温かみのある木材を用いた客室は、どれも大きな窓を備え開放的。ストレス・リカバリー・マッサージ240万VND（60分）などスパも充実。カップルでも家族でも、幅広い層が楽しめる。

DATA
交 ダナン国際空港から車で20分　住 5 Trường Sa, Q. Ngũ Hành Sơn　☎0236-3981234　料 スタンダード435万VND～　380室 🄔

ファシリティCheck!
☑プール　　　　　　☑ショップ（1軒）
☑スパ　　　　　　　☑レストラン（3軒）
☑アクティビティ　　☑客室無料Wi-Fi
☑送迎サービス（有料）

南国を感じさせる緑に囲まれた広々としたロビー棟

バンヤン・ツリー・ランコー

Banyan Tree Lăng Cô

雄大な自然に抱かれた大人の隠れ家

チュオンソン山脈の麓に広がる緑豊かな敷地に、2タイプのヴィラが点在。プロゴルファーのニック・ファルドが設計した18ホールのゴルフコースのほか、世界的な賞を受賞しているスパも自慢。バリニーズ240万VNDなどスパでのアロマやハーブを用いたマッサージは、まさに至福のひととき。日常を忘れ、とことん贅沢な滞在を楽しんで。

DATA

交 ダナン国際空港から車で1時間20分　住Thôn Cù Dù, Phú Lộc　☎0234-3695888　料ラグーンプールヴィラ1096万8000VND～　64棟　E

ファシリティCheck!

- ☑プール
- ☑スパ
- ☑アクティビティ
- ☑送迎サービス（有料）
- ☑ショップ（1軒）
- ☑レストラン（3軒）
- ☑客室無料Wi-Fi

Spa

Room

1. スパではオリジナルのアロマやお香なども販売。おみやげにいかが？
2. プライベートプールも併設する海に面したビーチプールヴィラの客室。プールからそのままビーチへ出られる

Restaurant

3. 本格ベトナム料理が食べられる「ザ・ウォーター・コート」

ここに注目！

「バンヤン・ツリー・ランコー」と姉妹リゾートの「アンサナ・ランコー」は11～17時の間、シャトルボートで行き来できる。出港時間は決まっていないので、レセプションで予約してから利用を。

ボートはリゾート内を走る水路を進む

別冊
MAP.
P4B2

アンサナ・ランコー
Angsana Lăng Cô

家族で楽しめるアクティビティが充実

山と海に囲まれたスタイリッシュな大型リゾート。プライベートビーチや巨大なプール、日替わりで無料となるカヤックや竹製ボートなど、小さな子ども連れでも楽しめる設備やアクティビティが充実。客室はモダンなデザインのなかにベトナムらしいインテリアをさりげなく配置。すべての客室からは美しいランコーの海を望める。

1. プールサイドにある「ムンバ」では、串焼きコンボ15万VND～などのシーフードを堪能
2. 米をテーマとした料理が揃う「ライス・ボウル」。鳥籠を思わせるテーブル席がユニーク

1

Restaurant

2

DATA
🚃ダナン国際空港から車で1時間20分　🏠Thôn Cù Dù, Phú Lộc　☎0234-3695800　💴デラックス309万2000VND～　222室　Ⓔ

ファシリティCheck!
☑プール　　　　　　　☑ショップ（1軒）
☑スパ　　　　　　　　☑レストラン（4軒）
☑アクティビティ　　　☑客室無料Wi-Fi
☑送迎サービス（有料）

3

Spa

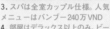

4

3. スパは全室カップル仕様。人気メニューはバンブー240万VND
4. 部屋はデラックス以上のみ。ビーチフロント・ワン・ベッドルーム・スイートはプライベートプールが付く

Room

ここに注目！
広大な敷地に広がるロングプールは、なんと長さ約300m！海ではボードセイリングやシュノーケリングなど、マリンスポーツもできるので、アクティブな休日を過ごそう。

ビーチが一望できる客室からの絶景

旧市街周辺やビーチ沿いに
ホテルが点在。旅のスタイル
に合わせた1軒を選んで

ここに注目!
ホイアンの旧家を思わせる重
厚感あるデザインが極上の空
間を演出。ホスピタリティあふ
れるおもてなしにも定評あり。

スパのトリートメントは蓮池に浮かぶパビリオンで

別冊
MAP
P4B4

フォー・シーズンズ・リゾート・ザ・ナム・ハイ・ホイアン・ベトナム

Four Seasons Resort The Nam Hai,
Hoi An, Vietnam

ベトナム伝統のラグジュアリー空間で憩う
「我が家のようにくつろげる空間」がコンセプトの
ホイアン有数の高級リゾート。風水学を取り入れ、
35万㎡の広大な敷地に配されたヴィラは全室海
に向かって建てられている。なかでもプールヴィラ
にはバトラーが常駐、徹底したきめ細かなサービ
スで極上の滞在を約束してくれる。

1.本格インド料理も楽しめる「カフェ・ナムハイ」。ビーチを眺めながら食事のできるテラス席もある

Restaurant

2.空へと溶け込むような階段状のプール　3.セラピストが指圧の技術で施すフォー・ハンデッド・フロー480万VNDなど、メニューは多彩

Spa

4.ベトナム伝統のガーデンハウスをイメージした客室

Room

DATA
交ダナン国際空港から車で35分　住Block Hà My
Đông B, Điện Bàn　☎0235-3940000　料1ベッドル
ームヴィラUS$725〜　100棟 J E

ファシリティCheck!
☑プール　　　　　　☑ショップ(1軒)
☑スパ　　　　　　　☑レストラン(2軒)
☑アクティビティ　　☑客室無料Wi-Fi
☑送迎サービス(有料)

アナンタラ・ホイアン・リゾート
Anantara Hoi An Resort

川沿いにたたずむコロニアル様式のホテル

旧市街の外れにあるトゥボン川に面したブティック・ホテル。コロニアル様式の建物が美しく、客室は気取らず清潔感がある。旧市街を散策した後はホテル内にある「ザ・スパ」のボディ・マッサージ185万VND（60分）で疲れをリセット。また、予約制でベトナム料理教室やランタン工作教室など地元の文化を体験できる有料プログラムもある。

DATA
交ダナン国際空港から車で50分　住1 Phạm Hồng Thái　☎0235-3914555　料デラックス・バルコニー・ルームUS$194〜　94室　E

ファシリティCheck!
- ☑プール
- ☑スパ
- ☑アクティビティ
- ☑送迎サービス（有料）
- ☑ショップ（1軒）
- ☑レストラン（3軒）
- ☑客室無料Wi-Fi

1.小舟が行き交う穏やかな風景が広がる　2.トゥボン川を望む広々とした客室　3.ベトナム料理やシーフードが好評のレストラン「ランタン」

ここに注目！
旧市街散策に便利なロケーション。コロニアル様式のエレガントな雰囲気のなか、優雅に過ごしたい。

1.外の喧騒も届かない静かな中庭のプール　2.清潔感のあるすっきりとしたデザインの客室

ここに注目！
毎日16時から太極拳のレッスンを無料で開催。宿泊客はスチームバスも無料で利用することができる。

アルマニティ・ホイアン・ウェルネス・リゾート
Almanity Hoi An Wellness Resort

大規模スパが自慢のシティリゾート

コンパクトだが快適な客室は、ジャクジー付きやロフトタイプなど4種類。36室のトリートメントルームを有するベトナム最大級のスパが評判で、広いヨガスペースや温水プールなど設備も充実。

DATA
交ダナン国際空港から車で45分　住326 Lý Thường Kiệt　☎0235-3666888　料ロフト・デラックス200万VND〜　139室　E

ファシリティCheck!
- ☑プール
- ☑スパ
- ☑アクティビティ
- ☑送迎サービス（有料）
- ☐ショップ
- ☑レストラン（3軒）
- ☑客室無料Wi-Fi

3.ココナッツを使い、肌に潤いを与えるココナッツ・ボディ・エンベロープ45分95万VNDなど、マッサージの種類も豊富

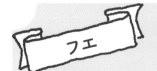

ヴェダナ・ラグーン・リゾート＆スパ
別冊 MAP P4A2

Vedana Lagoon Resort & Spa

フエ

古都の滞在は郊外型リゾートがおすすめ。往時を偲びながら心も体もリフレッシュしよう。

ラグーンに浮かぶバンガローにステイ

静寂に包まれたラグーンのほとりにあり、何もしない贅沢な時間を過ごせる滞在型リゾート。部屋の種類はバンガローやヴィラなど計8タイプで、おすすめは水上のバンガロー。ウェディングやハネムーンでの利用も多く、水上バンガローで受けられるスパが人気。

1. ベッドに備え付けられた天蓋が、ロマンチックな雰囲気を演出

Room 1

2. ラグーンを眺めながら食事ができるメインダイニングの「ザ・ホライゾン」

Restaurant

3. ザ・ベトナミーズ・ボディ・トリートメント145万VNDなど、スパでは野菜やフルーツを用いたオーガニックコスメのトリートメントが受けられる

Spa

DATA
🚗フエ中心部から車で1時間15分　🏠41/23 Đoàn Trọng Truyền, Tổ 1, Phú Lộc　☎0234-3819397　💴ウォーター・プール・ヴィラ680万VND〜　48棟、20室　🇯🇵🇯

ファシリティCheck!
☑プール
☑スパ
☑アクティビティ
☑送迎サービス（有料）
☑ショップ（1軒）
☑レストラン（3軒）
☑客室無料Wi-Fi

ここに注目！

ベトナムで初めて導入された水上バンガロー。海に面したパビリオンでは早朝、ヨガや太極拳の無料レッスンを開催。カヤックや釣りなど自然を満喫できるアクティビティもある。

圧倒的な大自然に身も心もゆだねたい

1

ここに注目！

リゾート内は木材やレンガなどを用いたナチュラルな雰囲気。ラスティックで温かみのある空間が広がる。

別冊
MAP
P4A1

ピルグリミッジ・ヴィレッジ・ブティック・リゾート＆スパ

Pilgrimage Village Boutique Resort&Spa

森林に包まれたナチュラルリゾート

皇帝たちが眠る帝廟へ向かう道中にある、緑豊かなヒーリングリゾート。南国植物に囲まれた敷地内に、伝統的なフエの建築様式を取り入れた建物が点在。客室はヴィラとバンガローの2種類。

Spa

1. 自然を肌で感じるリラックス空間 2. ザ・ベトナミーズ・ボディ・トリートメント145万VNDほか、スパには多彩なメニューが揃っている 3.「じゅんれいレストラン」では華やかな宮廷料理も楽しめる

2

Restaurant

3

DATA

🚃 フエ中心部から車で15分　🏠130 Minh Mang
☎0234-3885461　🈹デラックスUS$115〜　173室
ⓙ ⓒ ⓔ

ファシリティCheck!

☑プール
☑スパ
☑アクティビティ
☑送迎サービス（有料）
☑ショップ（1軒）
☑レストラン（3軒）
☑客室無料Wi-Fi

ダナン
Đà Nẵng

←夜景観賞におすすめの
サン・ホイール（→P36）

↑広々としたダナンのビーチ

中部最大の商業都市

急速な経済発展を続け、ビーチ沿いに次々と大型リ
ゾートが誕生しているダナン。日本からも直行便が
運航し、中部観光の拠点として注目を集めている。
レストランやカフェが並ぶハン川沿いの市街地のほ
か、五行山やホイアンなど近郊にもみどころが多い。

1. 必食のダナン名物なら「バイン・セオ・バー・ズオン」（→P31）
2. 旅のついでに祈願「五行山」（→P34）　3. 歴史好きは「ダナン博
物館」へ（→P36）

🐾 歩き方アドバイス

ハン川を挟みビーチのある東側のソンチャ半島と、西側の市
街地に分かれる。観光スポットの大半は市街地側にある。川
に架かるハン川橋とロン橋の2本の橋を目印に歩こう。観光
の拠点となるハン市場までロン橋から徒歩15分。

〈空港から市内へ〉

ダナン国際空港から市街は近く車で10〜20分ほ
ど。タクシーかホテルの送迎サービスを利用する。
タクシー料金はメーター制で約10万〜20万VND。

〈市内交通〉

レンタル自転車1日約10万VND、レンタルバイ
ク1日20万VNDなど、一部ホテルで借りられる。
ロン橋周辺などに観光用のシクロもあり1時間
20万VND程度。市内には流しのタクシーも多い
ので、うまく利用して効率よくまわりたい。

〈タクシー会社〉

ビナサン・タクシー

ビナサン・タクシーやマイ・リン・
タクシー、ティエンサー・タクシ
ーなどが運行している。料金
は初乗り1kmで、1万1000VND程度〜。郊外は数
が少ないためホテルなどで呼んでもらおう。

ダナンの魅力を肌で感じる

1日モデルプラン ダナン

活気あふれるダナンの街では、アクティブに街を楽しみたい。ハン市場散策からロン橋のアトラクションまで、楽しみ方はいろいろ。ハン川沿いの遊歩道は川風が心地よく、散歩にぴったり。

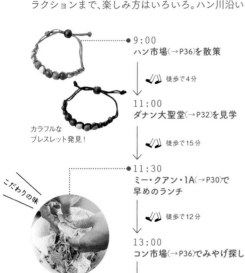

カラフルな
ブレスレット発見！

こだわりの味

名物グルメに舌鼓！

少数民族の布を使った
小物もあり

ガオ～

火を吐く龍が迫力満点！

● 9:00
ハン市場(→P36)を散策

↓ 徒歩で4分

11:00
ダナン大聖堂(→P32)を見学

↓ 徒歩で15分

● 11:30
ミー・クアン・1A(→P30)で
早めのランチ

↓ 徒歩で12分

13:00
コン市場(→P36)でみやげ探し

↓ 徒歩で20分

● 15:00
チャム彫刻博物館(→P32)へ

↓ 徒歩で5分

16:30
ハン川沿いを散策

↓ 徒歩で15分

17:30
チャン(→P31)で早めのディナー

↓ 車で5分

19:30
ロン橋を見学
(→P32)

1．地元の人で賑わう「ハン市場」
2．キュートな外観の「ダナン大聖堂」 3．先住民族の文化を学ぶ「チャム彫刻博物館」 4．「ミー・クアン・1A」でご当地麺を

ロン橋のライトアップ
龍の姿をしたロン橋は、毎晩18時ごろから美しくライトアップされる。特に金・土・日曜の21時から15分間ほど行われる、龍が炎や水を吐くアトラクションはみもの。龍の頭はハン川の東側にあるので、場所を間違えないようにしよう。

お気に入りの食べ方を見つけて！

地元の人に愛される ダナン名物グルメ

海の幸が豊富なダナン。名物料理にもエビや魚などを存分に生かした料理が多い。
魚介や肉、野菜など、どの料理も具材がたっぷり。バランスがよくヘルシーなのもうれしい。

Mì Quảng
ミー・クアン

3万5000VND

ダナン名物の汁なし麺料理。コシのある黄色い麺が特徴で、麺と具材と甘じょっぱいタレを混ぜて食べる

揚げ煎餅を割り入れ、添えられた辛味噌を加えるとコクが増す

ダナン伝統の味を食べに来てください

スタッフのタインさん

市街中心　別冊 MAP P5D2

ミー・クアン・1A
Mì Quảng 1A

2代続くご当地麺の老舗

1975年の創業以来、地元の人でいつも賑わうミー・クアン専門店。メニューはエビ入り、鶏肉入り、エビ・豚肉・鶏肉・卵入りミックスの3品のみ。太めの麺が特徴で、トマトとエビのだし入りスープとの相性は抜群だ。トッピングの揚げ煎餅は5000VNDで追加もできる。

- -

DATA 交ハン市場から徒歩13分 住5 Hải Phòng ☎0236-3827936 時6〜21時 休なし

市街中心　別冊 MAP P5D2

ブン・チャー・カー・バー・フィエン
Bún Chả Cá Bà Phiến

港町の朝ごはんは魚料理で

2代目の主人が切り盛りする人気店。ローカル店だが、清潔感があり入りやすい。人気メニューは、ダナンの朝ごはんの定番、「ブン・チャー・カー」。魚のだしが効いたスープにさつま揚げなどの具材がたっぷり入った麺料理。そのほか、魚の煮付けなどもある。

- -

DATA 交ハン市場から徒歩10分 住63B Lê Hồng Phong ☎090-5102047 時6〜22時 休なし E

外国人のお客さんもよく来ますよ！

オーナーのクインさん

Bún Chả Cá
ブン・チャー・カー

3万VND

海の恵みを堪能できる米麺料理。野菜の酢漬けやトウガラシを加え味のバリエーションを楽しむのが地元流。

こしょう入りなど4種のさつま揚げが入る

プチ情報　地元の人が通うローカル店はベトナム語メニューしかない店も多い。言葉が通じないときは、料理の写真を見せて注文しよう。

市街中心 別冊 MAP P5D3

チャン
Trần

名物料理をリーズナブルに満喫

ダナン市内に3店舗展開するベトナム料理店。ダナン料理が各種揃い、比較的安くお腹いっぱい食べられる。旧家をイメージしたオープンスタイルの店内は広々としているが、食事どきには満席になるほど混み合うので、早めの来店がおすすめ。予算は朝3万VND〜、昼と夜は9万VND〜。

食べ方がわからないときは気軽に聞いてね！

DATA 交ハン市場から徒歩8分 住11 Nguyễn Văn Linh ☎093-5465222 時8〜22時 休なし GE

スタッフのホアさん

Bánh Tráng Cuốn Thịt Heo
バイン・チャン・クオン・ティット・ヘオ
19万9000VND

豚肉をライスペーパーで巻いて食べる人気メニュー。肉料理だが、野菜も豊富でヘルシー。野菜をたくさん食べたい人にオススメのメニュー。

How to eat

①ライスペーパーに乾燥していないやわらかなライスペーパーを重ねる
②蒸し豚、モヤシ、ドクダミなどの野菜をのせる
③ライスペーパーをクルクルと巻いたらできあがり
④添えられる甘辛いタレをたっぷりつけて食べる

市街中心 別冊 MAP P5D3

バイン・セオ・バー・ズオン
Bánh Xèo Bà Dưỡng

老若男女に愛される人気店

細い路地の奥にある隠れ家的な店で、ベトナム風お好み焼「バイン・セオ」が看板メニュー。中部のバイン・セオは小ぶりの手のひらサイズ。野菜と一緒にライスペーパーで巻いて食べよう。米麺に焼肉をのせたブンティットヌオン3万5000VNDも評判。

DATA 交ハン市場から車で6分 住K280/23 Hoàng Diệu ☎0236-3873168 時9時30分〜21時30分 休なし

スタッフのウィンさん

うちの自慢は、秘伝のタレだよ！

香ばしく焼き上げた豚のつくね
1本 6000VND

Bánh xèo
バイン・セオ
2万VND（1個）

エビや豚肉を米粉のクレープで挟んで焼いたもの。トッピングとして豚肉のつくねを一緒に巻いてもOK。

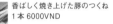

How to eat

①ライスペーパーにレタスを敷きバインセオをのせる
②パパイヤやニンジンなどの野菜をさらに積みあげる
③ジューシーな豚肉のつくねを串棒から外して巻く
④パテやピーナッツ入りの甘辛いタレにつけて食べる

フォトスポットから歴史遺産まで

カメラを持って散策！
市街地の必見スポットTOP3

ハン川の西側に位置する市街地に観光スポットが集中している。特にチャンフー通り沿いには、多くのショップも軒を連ねる。観光のマストスポットを巡りながらショッピングも満喫しちゃおう！

市街中心 **別冊 MAP P5D2**

ダナン大聖堂
Nhà Thờ Chính Tòa Đà Nẵng

ピンク色のかわいい教会

フランス統治時代の1923年にフランス人建築家によって建てられたカトリック教会。ゴシック様式の建築は細部の装飾もきれいで、かわいいピンク色の外観から近年はフォトスポットとして人気。

DATA 交ハン市場から徒歩3分 住156 Trần Phú ☎なし 時5時〜17時15分（日曜5時30分〜18時）※教会内部を見学できるのは、日曜のミサの時間（5時30分、8時、10時、15時、16時30分、18時）のみ 休なし 料無料

1. 尖塔の先には風見鶏があり「ニワトリ教会」の愛称で親しまれている　2. ゴシック様式の天井が厳かな空間を引き立てる。内部は淡い黄色

市街中心 **別冊 MAP P5D3**

チャム彫刻博物館
Bảo Tàng Điêu Khắc Chăm Đà Nẵng

躍動感あふれる彫像群に注目

ベトナム中部一帯に栄えたチャンパ王国の遺跡から出土した、7〜15世紀ごろのレリーフや石像を展示。造形美術に優れたチャム族の傑作を鑑賞できる。

DATA 交ダナン大聖堂から徒歩10分 住2 Đường 2-9. ☎0236-3574801（土・日曜0236-3572935） 時7〜17時 休月曜 料6万VND Ｅ

1. チャキュウ様式の傑作「踊るアプサラ」　2. 川からの風が吹き抜ける開放的な館内

市街中心 **別冊 MAP P5D2**

ロン橋
Cầu Rồng

川を渡る巨大なドラゴン

ドラゴンブリッジの名で親しまれ、ダナンの中心地とビーチエリアをつなぐ全長666mの橋。巨大な黄色い龍が目を引く、ダナンのランドマークだ。金〜日曜の21時からは火と水を噴く15分間のショーも開催される。

DATA 交ダナン大聖堂から車で4分 住Nằm giữa đường Nguyễn Văn Linh và đường Võ Văn Kiệt

1. よく見ると龍の目はハートの形。夜はさまざまな色でライトアップされる
2. 水を噴く鯉の登龍像も人気のフォトスポット

プチ情報 ハン川の西側に位置する市街地にはおしゃれな店や観光スポットが集中している。特にチャンフー通り沿いには多くのショップが軒を連ねる。

ダナンからひと足を延ばして①

話題のテーマパークで SNS映えを狙う!

ゴールデンブリッジがSNSで話題になり、ますます注目を集めるテーマパーク。
ダナンからはタクシーで向かうか、バスツアーに参加するのがオススメ。

1.全長150mのゴールデンブリッジ。苔むした手の質感はまるで昔からある本物の岩のよう　2.趣ある建物が連なるフレンチヴィレッジ　3.冒険小説『海底2万里』や『地底旅行』をアイデアに設計されたファンタジーパーク

ダナン郊外	別冊MAP P4A3

バーナーヒルズ
Ba Na Hills

一度は見たい、山肌に生える神の手

ダナン市街地から約20km、海抜1487mの高地にある話題のテーマパーク。「神の手」ともよばれる巨大な手に支えられたインパクト大のゴールデンブリッジや、フランスの静かな街を再現したフレンチヴィレッジ、迫力あるショーなど見ごたえ十分。ショップの多くは16時ごろに閉まるので注意。

DATA
交ダナン大聖堂から車で40分　住Thôn An Sơn, Hòa Ninh, Hòa Vang　☎090-5766777　時8〜17時　休なし　料90万VND(身長100〜140cmの子供は75万VND、100cm未満は無料)

🔖 みどころポイント

1.山頂までのケーブルカー

バーナーヒルズは山の上にあるためケーブルカーで向かう。全長5771mで所要時間は約20分。世界最長のケーブルカーとしてギネス世界記録に認定されたこともある。

2.ゴールデンブリッジ

ケーブルカーの中継駅にできた大きな手が印象的な橋。晴れた日は、橋から眺望を楽しむこともできる。人気スポットのため混雑していることが多い。混雑を避けるなら開園すぐに訪れるのが◎。

3.フレンチヴィレッジ

バーナーヒルズのメインエリア。中世ヨーロッパをイメージした建物が並ぶ。フォトジェニックなエリアでどこで撮影してもおしゃれ。エリア内にはレストランやホテルもある。

ダナンからひと足延ばして②

大理石でできた山！？
スピリチュアル五行山

ダナンとホイアンの間にそびえる五行山。そのなかでも最も人気の山がトゥイソン(Thủy Sơn)。
色彩豊かな寺院や仏像が待つ聖なる地へ、スピリチュアル体験に出かけよう。

ホアギエム洞窟の入口。苔むした石門に神聖な雰囲気が漂う

ダナン郊外	別冊 MAP P4B4	**五行山** Ngũ Hành Sơn

ご利益スポットでパワーをもらおう

五行山とは大理石でできた5つの山の総称で、マーブルマウンテンともよばれる。陰陽五行説になぞらえ木、火、土、金、水と名付けられた山々は、古くから信仰の場ともなってきた。観光の中心は標高106mのトゥイソン(水山)。みどころは約15カ所あるが、広いので、本書で紹介しているおすすめルートに沿って、主要なみどころを観光しよう。麓から山腹まで一気に昇れるエレベーター1万5000VND(片道)もあるので、ぜひ利用したい。

DATA
交ハン市場から車で20分　住81 Huyền Trân Công Chúa
☎0236-3836355　時7時～17時30分　休なし　料4万VND

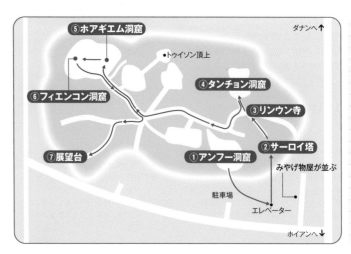

⑤ホアギエム洞窟
ダナンへ↑
●トゥイソン頂上
④タンチョン洞窟
⑥フィエンコン洞窟
③リンウン寺
②サーロイ塔
⑦展望台
①アンフー洞窟
みやげ物屋が並ぶ
駐車場
エレベーター
ホイアンへ↓

五行山観光の
注意点

●日差しが強いため、日焼け止め対策は入念に。
●洞窟内は滑りやすく、急な斜面も多いため、歩きやすい靴で訪れよう。
●洞窟内はうす暗いため、じっくり見たい人は懐中電灯があると便利。
●急いでまわっても1時間30分はかかるため、時間に余裕をもって行動を。

プチ情報　休憩所の奥にある長い石段を10分ほど上った先に、トゥイソン頂上がある。急勾配で登りは大変だが、目の前に広がる長い白砂のビーチと大海原はまさに絶景！

1 アンフー洞窟
Động Âm Phủ

山の麓の駐車場前にあり、ここがスタート地点。縦長の巨大な洞窟で、中には仏像や観音像などが祀られているほか、奥には地獄をモチーフとした空間も。善人でいることを諭す洞窟といわれている。〔所要20分〕
🕐7時〜17時30分　休なし　料2万VND

2 サーロイ塔
Tháp Xá Lợi

エレベーター降り場すぐにある中華風の六角七層の石造りの塔。塔内には祭壇や釈迦像が置かれている。
〔所要5分〕

高さは28mに及ぶ

徒歩5分（エレベーター利用）

エレベーターで山腹へ！

徒歩2分

3 リンウン寺
Chùa Linh Ứng

白い大きな観音像が立つ色彩豊かで美しい中国寺。熱心に祈る地元の参拝客も多く、健康から仕事まで日々の穏やかな暮らしに関する願いを叶えてくれるそう。〔所要10分〕
現在の建物は1825年に再建

4 タンチョン洞窟
Động Tàng Chơn

リンウン寺の右手裏側にあり、チャンパ様式のレリーフや釈迦像、ホイアン旧家風の社などみどころも多い。洞窟内にはかつて、道教の最高神格である三清の像もあったとか。〔所要10分〕

祠は1825年建立

徒歩2分

6 フィエンコン洞窟
Động Huyền Không

ホアギエム洞窟の奥にある五行山で最も神秘的な場所。ベトナム戦争時の爆撃により開いたという天井の穴からキラキラと光が差しこむさまは幻想的。洞窟内にあるホイアン風の小さな社には安産や子宝祈願に多くの女性が訪れる。
〔所要15分〕

洞窟内はひんやりと涼しい気持ちがよい

徒歩5分

5 ホアギエム洞窟
Động Hoa Nghiêm

木々に囲まれた石造りの門を抜けると、五行山でも有数の美しい観音像が出迎えてくれる。
〔所要5分〕
しなやかな立ち姿の神々しい観音像は必見

徒歩1分

眺めも最高〜

7 展望台
Vọng Giang Đài

五行山の他の山々が見渡せる。山登りの休憩スポットとしても便利で、望遠鏡は無料で利用できる。〔所要10分〕

海風がそよぎ、山登りの休憩にもぴったり

徒歩3分

Check
ご利益があるかも!?
おみやげ in 五行山

麓に軒を連ねるみやげ物店では大理石を使った小物や置物を購入できる。
1. 店主お墨付き！健康運アップのブレスレット15万VND　2. 小銭がモチーフのブレスレットで金運アップ！15万VND

旅の思い出におひとついかが？

川沿いを散策しながら立ち寄ろう

ダナンで行きたい
注目スポット総ざらい

庶民の生活が見られる市場やハン川周辺のおしゃれなカフェやレストラン。疲れた体を癒やしてくれるスパなど、街なかには魅力あふれるスポットが点在。あなたの行きたい場所はどこ?

別冊 MAP P5D2

ハン市場
Chợ Hàn

街歩きのランドマークにも便利

ハン川そばにあり、旅行者も訪れやすい。コーヒーやお茶などのおみやげになる食品や、雑貨やアクセサリーなども取り扱う。

DATA 交ダナン国際空港から車で10分 住119 Trần Phú ☎0236-3810116 時6～19時ごろ 休なし

別冊 MAP P5D2

コン市場
Chợ Cồn

場外まで活気あふれる大型市場

食料品や衣料品など、あらゆるものが揃うダナン最大規模の市場。建物を囲むように場外市も立ち、地元の人で賑わう。

DATA 交ハン市場から車で5分 住318 Ông Ích Khiêm ☎0236-3837426 時6～18時ごろ 休なし

別冊 MAP P5D2

ダナン博物館
Bảo Tàng Đà Nẵng

ダナンについて学ぶならここ!

ダナンほかベトナム中部の資料を展示。1階は文化と歴史、2階は戦争、3階は民俗生活など、テーマに分けて紹介。

DATA 交ハン市場から車で5分 住24 Trần Phú ☎0236-3886236 時8～17時 休なし 料2万VND(100cm以下の子供は無料)

別冊 MAP P5E2

ミーケービーチ
Bãi Biển Mỹ Khê

人気のビーチでリゾート気分に浸る

ダナンでビーチといえばここ、という王道のビーチ。中心地からもアクセスしやすいわりに、静かで落ち着いた時間が流れている。

DATA 交ハン市場から車で15分

別冊 MAP P5D4

サン・ホイール
Sun Wheel

ダナンの美しい夜景が一望!

「アジアパーク」内にある観覧車。滋賀県から移築されたもので高さ115m、一周約15分。

DATA 交ハン市場から車で11分 住1 Phan Đăng Lưu ☎0236-3681666 時16時～21時45分(変動あり) 休なし 料10万VND(身長100～140cmの子供は5万VND)

別冊 MAP P5D2

コム・ガー・アー・ハーイ
Cơm Gà A Hải

パリパリ食感が絶妙なチキンライス

鶏だしで炊いたご飯にフライドチキンがドンとのるコム・ガーの専門店。鶏肉は揚げモモ肉がのるクアイが一番人気。

DATA 交ハン市場から徒歩10分 住100 Thái Phiên ☎090-5312642 時8～23時 休旧暦の15日

プチ情報 ハン川沿いには上記で紹介した以外にも多くのカフェやレストランが点在。テラス席からハン川を眺められる場所も多く、ぜひお気に入りの一軒を見つけたい。

オン・ター
Ông Tạ

朝食におすすめのやさしいスープ麺

あっさり味のブン・チャー・カーが人気を集める専門店。米の押し出し麺ブンを魚介スープでいただく朝食の定番で、トッピングの野菜は全て無農薬というこだわり。

DATA 交ハン市場から徒歩12分 住113A Nguyễn Chí Thanh ☎0236-3898700 時6〜21時 休なし

マダム・ラン
Madame Lân

ベトナム各地の料理を楽しもう

緑豊かな中庭を囲むオープンエアのレストラン。ダナンの名物からベトナム各地の料理まで揃い、なかでも自家製の米粉を使ったバイン・セオや春巻は必食。夜の落ち着いた雰囲気もロマンチック。

DATA 交ハン市場から車で4分 住4 Bach Đẳng ☎0236-3616 226 時6〜22時 休なし E

（左）ホイアンをイメージした外観
（上）小ぶりなサイズが特徴の中部のバイン・セオ 8万5000VND

インバランス・スパ
Inbalance Spa

ハン川が一望できるスパルームもあり！

5ツ星ホテル内にあるスパ。全14室あり、広々としたラグジュアリーな空間が定評。ベトナム式やスウェーデン式のマッサージが中心で、ボディトリートメント60分99万VND〜。

DATA 交ハン市場から徒歩13分 住H Novotel Danang Premier Han River, 36 Bạch Đẳng ☎0236-3929999 時9〜21時 休なし E E

カップルルームにはジャクジーも完備

フェーヴァ
Pheva

ダナン発、本格チョコレート

フランス仕込みの製法で作られる本格チョコレートの専門店。カカオやスパイスなどベトナム産の原料を用いて、12種のフレーバーを揃えている。12個入り8万8000VNDと24個入り17万6000VNDは、好きなフレーバーを選択可。

DATA 交ハン市場から徒歩11分 住239 Trần Phú ☎0236-3566030 時8〜19時 休なし E

（上）店内にはカラフルなパッケージが並ぶ （左）溶けにくいチョコレートなのでおみやげにも安心

ランタンが彩るホイアンの町

ホイアン
Hội An

ランタンが照らす郷愁の港町

16世紀ごろから海上交易の要として栄え、色とりどりのランタンの灯りが郷愁を誘うホイアン。トゥボン川沿いに広がる旧市街にはかつて日本人街もあったとされる。日本、中国、フランスなど各国の様式を折衷した家屋が並ぶ街並みは1999年、世界遺産に登録された。

1. 小舟が行き交うトゥボン川　2. 土笛など素朴なおみやげもある　3. 旧市街(→P40)では夜にランタンが灯る

🐾 歩き方アドバイス

旧市街は小さく、1日あれば主だった名所をひとまわりできる。チャンフー通りとバックダン通りに挟まれたエリアが観光の中心で、来遠橋(→P40)を起点にするとまわりやすい。午後は気温が上がるため午前中や夕方の散策がおすすめ。

Access

〈空港から市内へ〉

ダナン国際空港からホイアン市内へは車で約45分。タクシーか宿泊ホテルの送迎サービスの利用が安心。タクシー料金はメーター制で、約35万〜40万VND。

〈市内交通〉

旧市街内は車両の通行が禁止されているため、徒歩かレンタルサイクルでの移動が基本。レンタルサイクルはホテルや街なかで借りることができ1日8万VND程度。タクシーの数が少ないため、郊外へ行く場合はホテルで車を呼んでもらおう。

〈観光用シクロ〉

旧市街の西側、チャンフー通りとチャウトゥオンヴァン通りの角に観光用シクロが待機している。1時間の旧市街一周で1人25万VND程度。時間内であれば観光スポットで途中下車もできる。

旧市街を楽しみ尽くす
1日モデルプラン

・ホイアン

ホイアンには観光スポットだけでなく、素敵なショップやレストランも多い。ゆっくり散策したら、夜はランタンの灯りが幻想的なナイト・マーケットで一日を締めくくろう。

目抜き通りのチャンフー通りからスタート

● 9:00
旧市街をおさんぽ
オススメ▶
フーン・フンの家（→P40）
来遠橋（→P40）
福建會舘（→P41）

↓ 徒歩で17分

ご当地グルメの代表ホワイト・ローズ

● 12:00
ホイアン名物のランチ
オススメ▶ホワイト・ローズ（→P44）

↓ 徒歩で20分

13:30
旧市街をおさんぽ
オススメ▶潮州會舘（→P41）

↓ 徒歩で5分

**旧市街では
催し物も開催**
旧市街に点在する広場では毎晩、夕方から21時ごろまで土鍋割りなどのミニゲームが開催されている。参加には観光チケット（→P40）が必要。

14:00
**貿易陶磁博物館（→P47）で
お勉強**

↓ 徒歩で3分

15:00
**ホイアン・トラディショナル・アート・
パフォーマンス・ハウス（→P47）で
伝統舞踊ショーを鑑賞**

↓ 徒歩で3分

**小腹を
満たせる！**

外国人客が多く品質も安心

16:00
ホイアン市場（→P42）をぶらり

↓ 徒歩で7分

17:00
**モーニング・グローリー（→P45）で
ちょっと早めのディナー**

↓ 徒歩で5分

ミニランタンをおみやげに

● 19:00
**グエン・ホアン・ナイト・マーケット
（→P43）を満喫**

1. ノスタルジックな旧市街　2. お手頃価格で本格オーダー「ヤリー・クチャール」　3. ミニタイプもあるランタン　4.「ホイアン・トラディショナル・アート・パフォーマンス・ハウス」のショー　5. 旧市街で催されるミニゲーム

**参加者
募集中！**

6. 3大名物の一つ、揚げワンタン「モーニング・グローリー」
7. おみやげはグエン・ホアン・ナイト・マーケットで

古き良き歴史に出合える

世界遺産の街並み
ホイアン旧市街さんぽ

古い家屋が数多く点在するホイアンの旧市街は、徒歩でも半日程度で巡れる規模。
国際貿易都市として栄えたレトロな街並みを、歴史を感じながらゆっくり歩きたい。

のどかな風景のなか、往時の姿を今に残す来遠橋

おさんぽPOINT

旧市街にある観光名所の入場には、観光チケットが必要。チケットは街なかに13カ所あるチケット売り場で購入でき、5枚綴りで12万VND。旧家や博物館など指定の25カ所中5カ所に入場できる。まずはチケット指定の名所から巡ろう。

廣肇會館

サーフィン文化博物館

このあたりにシクロが多い

● チケットで入場できる主な指定名所
★ 主なチケット売り場

別冊 MAP P6A4

フーン・フンの家
Nhà Cổ Phùng Hưng

越中日の建築様式が融合

貿易商人が建てた旧家。日本式の屋根など3国の建築様式が融合した美しさは旧市街有数。

- - - - - - - - - - - - - - - - - - - -
DATA 交来遠橋から徒歩1分 住4 Nguyễn Thị Minh Khai ☎0235-3861280 時8〜18時 休なし 料要チケット

別冊 MAP P6A4

来遠橋（日本橋）
Cầu Lai Viễn（Cầu Nhật Bản）

夜はライトアップがみもの

日本人により1593年に建てられたとされる橋。中には小さな寺があり、参拝もできる。

- - - - - - - - - - - - - - - - - - - -
DATA 交ホイアン観光の起点で、ダナン国際空港から車で45分 住Trần Phú ☎なし 時8〜22時 休なし 料要チケット

別冊 MAP P6B4

カーゴ・クラブ
Cargo Club →P46

約25種類のケーキが評判

フランス人パティシエ直伝のスイーツが人気で5万5000VND〜。川が望める2階の席がおすすめ。

プチ情報 チケットなしで入場できる観光名所もある。チケット購入時にスタッフに尋ねるか、チケット売り場でもらえる旧市街マップで確認しよう。ただし、チケット売り場や入場指定箇所はよく変更されるので注意。

Ⓐ 古い家具に囲まれた旧家は、今も人々の暮らしとともにある　Ⓒ 南国フルーツを贅沢に使ったミックスフルーツアーモンドケーキ5万5000VND　Ⓓ 柱や家具に施された螺鈿細工も必見　Ⓔ 色鮮やかな建物は、ホイアンにある会館のなかでも一番の美しさ　Ⓕ 旧市街のはずれにあり、館内には静かな時間が流れる

クアンコン廟

チャンフー通り　Trần Phú

Ⓔ

貿易陶磁博物館

クアン・タンの家

Nguyễn Thái Học

エンタイホック通り

民俗博物館

ホイアン・トラディショナル・アート・パフォーマンス・ハウス

バックダン通り　Bạch Đằng

レロイ通り　Lê Lợi

ホアンヴァントゥ通り　Hoàng Văn Thụ

ホアンジエウ通り　Hoàng Diệu

Ⓕ

トゥボン川

Ⓓ
別冊
MAP
P6B4

タン・キーの家
Nhà Cổ Tấn Ký

中国様式の装飾は必見
ホイアンで最初に文化遺産に認定された旧家。家中を飾る繊細な彫刻は目を見張るほど美しい。

DATA　交来遠橋から徒歩4分
住101 Nguyễn Thái Học　☎0235-3861474　時8時 〜17時50分　休なし　料要チケット

Ⓔ
別冊
MAP
P7C4

福建會舘
Hội Quán Phúc Kiến

ホイアン最大規模の集会所
福建省出身の華僑のための集会所。航海の守り神である天后聖母などが祀られている。

DATA　交来遠橋から徒歩6分
住46 Trần Phú　☎0235-3861252　時8時〜17時30分　休なし　料要チケット

Ⓕ
別冊
MAP
P7C4

潮州會舘
Hội Quán Triều Châu

静かな時間が流れる集会所
中国の潮州出身者たちにより建てられた。館内の柱や扉に施された華麗な彫刻は必見。

DATA　交来遠橋から徒歩10分
住362 Nguyễn Duy Hiệu　☎0235-3914853　時8〜17時　休なし　料要チケット

キュンとなるアイテムをゲットできるかも!?

昼も夜も楽しい
2大ローカルマーケット

地元の人で賑わう市場や夜市は、終日活気に満ちている。金額はほとんどが交渉次第。
市場の魅力でもある交渉を楽しみながら、食べ歩きやおみやげ探しをしよう!

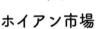

Day

旧市街　別冊MAP P7C4

ホイアン市場
Chợ Hội An

ホイアン市民の台所

雑貨や加工食品など観光客向けのおみやげか
ら、地元の人向けの生鮮食品まで、品揃え豊富な
ホイアン最大の市場。屋内の北側にローカルフー
ドが味わえる食堂があり、屋外の川沿いには野菜
や魚介類を売る露店が並ぶ。いつの時間も多く
の人で賑わう。

DATA 交来遠橋から徒歩8分 住Trần Phú ☎店によ
り異なる 時6〜19時ごろ(店により異なる) 休なし

1. 朝から夕方まで地元の人を中心に賑わいをみせる
2. 色鮮やかな旬のフルーツもいっぱい
3. 市場の周辺にはみやげ物店も多い

掘り出し物に出合える!?
加工食品や普段使いできるコーヒー
フィルターなどがズラリ。

1. ココナッツの殻で作ったティー
スプーン7万VND(5本) 2. ベトナ
ムコーヒー用フィルター4万VND
3. アラビカ種コーヒー6万VND
(100g) 4. 蓮茶2万VND

チャンフー通り Trần Phú
広場入口
Trần Quý Cáp
チャンクイカップ通り
Tiểu La ティエウラー通り

ファッション
雑貨の
お店が並ぶ

生鮮食品や
加工食品

バックダン通り Bạch Đằng

雑貨店が並ぶ

ローカルフードにトライ!
ホイアン名物や甘味などが揃う食堂
街。ひと休み利用する外国人観光
客も多い。

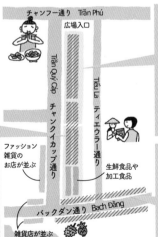

1. トウモロコシのチェー2万VND
2. ホイアン名物カオラウ4万VND

見るだけでも楽しい新鮮食材
朝から夕方まで地元の人で賑わう場
外市場。ローカルの暮らしが垣間見
られる。

野菜や鮮魚な
ど、さまざまな
食材がある

プチ情報 ホイアンではボートに乗って灯籠流しができる。アンホイ橋のたもとから乗船し、20分で15万VND(2人)程度。
10分ほど遊覧した後、灯籠を流すベストな場所に連れて行ってくれる。

ランタンはここで

豊富な柄と種類が揃う。小さなランタンやランプもあり、おみやげにもぴったり。

1. シルク製のミニランタン3万VND（電球なし）　2. 竹製のランプ15万VND

プチプラアクセサリー発見！

女子心くすぐる色鮮やかなアクセサリーが充実。ピアスなどは使用前に消毒を。

1. 貝でできたピアス5万VND　2. 花柄のピアス8万VND　3. ブレスレット各5万VND

種類豊富なファッション雑貨

ベトナムの少数民族の布を使ったポーチやバッグが多数。華やかな刺繍がベトナムならでは。

1. 小物入れ3万VND　2. 花モン族の刺繍入りポーチ7万VND（大）

トゥボン川
Sông Thu Bồn

アンホイ橋

Nguyễn Hoàng

La Hồi
ラーホイ通り

グエンホアン通り

Nguyễn Phúc Tần
グエンフックタン通り

路上カフェやレストランが並ぶ

路上カフェが並ぶ

Tシャツや帽子などを販売する店が並ぶ

サングラスや帽子などを販売する露店が並ぶ

Ngô Quyền
ゴークイン通り

灯籠流しに挑戦！

夜になるとトゥボン川では灯籠流しが行われる。灯籠は路上の売り子から購入できる。

1. 灯籠は1個1万VND程度
2. 願いを込めて川岸から流そう

定番の伝統工芸品

天然素材を使ったインテリア雑貨や食器が手頃な価格で買える。

1. 螺鈿があしらわれた箸4万VND（1本）　2. 竹ひごのランチョンマット10万VND（6本）　3. 竹製のカラフルなお椀5万VND（1個）

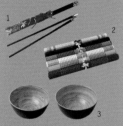

🌙 Night

アンホイ　別冊MAP P6A4　グエン・ホアン・ナイト・マーケット
Chợ Đêm Nguyễn Hoàng

カラフルな露店で夜を満喫

ランタンの光が照らすナイト・マーケットは、幻想的な雰囲気が魅力。アンホイ橋のたもと付近からゴークイン通りまで、ランタンや雑貨などの露店が1本の道にズラリと並ぶ。毎日開催され、周辺にはベトナム料理のレストランや路上カフェなどもある。

DATA　来遠橋から徒歩3分　☎店により異なる
時18〜22時ごろ　休なし

1. ベトナムの少数民族の刺繍入りポーチ3万VND〜
2. 購入する数が多ければ値引きしてくれるかも
3. 入口からランタンの店がズラリ

何皿でも食べられる！？
食べずに帰れない ホイアン3大名物料理

ホイアンに来たら外せないのがこの3大名物。クセのないやさしい味が共通の特徴。
どれもほかの地域ではなかなか食べられないものばかりなので、ぜひ味わって。

ホワイト・ローズ
Bánh Hoa Hồng Trắng
7万VND

米粉で作った皮にエビのすり身を詰めて花びらの形に成形し蒸したもの。プリプリの食感が楽しい。魚醤ヌックマムベースのタレでいただく。

作り方

❶米粉の生地を10円玉大の太さの棒状に伸ばす❷指先で薄くのばし、花びらを作る❸エビのすり身を詰め、キレイに成形する

旧市街北部	別冊MAP P6A1

ホワイト・ローズ
White Rose

創業100年を超える秘伝の一皿

ホワイト・ローズの製造卸元でもある老舗。1日に5000個以上も手作りし、街なかの各店に卸している。希望者は1人10万VND（料理付き）で、ホワイト・ローズ作りを体験できる。メニューは2種類のみで、ボリューム抜群の揚げワンタン10万VNDも人気。

DATA　交来遠橋から徒歩11分　住533 Hai Bà Trưng
☎0235-3862784　時7時30分〜20時30分　休旧暦5月5日
🈺 🇪

こちらもどうぞ！

ボリュームたっぷり揚げワンタン10万VND

プチ情報　3大名物はホイアン市内のレストランや露店の定番メニューだが、味付けやトッピングに多少違いがある。数日間滞在するときは、食べ比べをするのもおもしろい。

シークレット・ガーデン
Secret Garden

旧市街｜別冊MAP P6B4

路地の奥にある隠れ家レストラン

越・西洋料理が楽しめると日本人旅行者にも評判の店。味に定評があり、不定期でクッキングクラスも開催している。予算の目安は昼20万VND〜、夜40万VND程度〜。

DATA　交来遠橋から徒歩4分　住132/2 Trần Phú　☎094-1561465
時8〜23時　休なし E E J

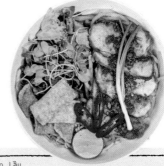

こちらもどうぞ！

バイン・クオン・バー・マウ15万3000VND。3色の米粉の生地で具材を包んだ蒸し春巻

Cao Lầu
カオラウ／8万VND〜

日本の伊勢うどんがルーツといわれるホイアンのご当地麺料理。コシのある太麺で食べごたえがある。トッピングは揚げ煎餅と豚肉や香草など。甘辛いタレと混ぜて味わおう。

モーニング・グローリー
Morning Glory

旧市街｜別冊MAP P6B4

洗練されたご当地料理

ベトナムの家庭料理が評判。名物の揚げワンタンのほか、ホイアンの郷土料理も食べられる。オープンキッチンで目の前で調理風景を見られるのも楽しい。

DATA　交来遠橋から徒歩3分　住106 Nguyễn Thái Học　☎0235-2241555　時11〜22時　休なし E E

Hoành Thánh Chiên
揚げワンタン／11万5000VND

豚肉のミンチやネギなどをワンタンに詰め、パリパリに揚げたもの。上にトッピングされたトマトやネギなどが入ったチリソースとの組み合わせが食欲をそそる。

こちらもどうぞ！

イカのエビ＆豚肉詰め8万5000VND。家庭料理の定番メニュー

ここでも食べられます

ミス・リー
Miss Ly

旧市街｜別冊MAP P7C4

旅行者に人気の店。3大名物のほか、ホイアンで人気の鶏めしコムガー13万VNDなどもある。

DATA　交来遠橋から徒歩8分　住22 Nguyễn Huệ
☎090-5234865　時11〜22時　休なし E E

一人旅でも入りやすいカジュアルな雰囲気

欲張り女子も大満足！

ホイアンで行きたい
注目スポット総ざらい

リーズナブルな価格でオーダーメイドができるテイラーから、ふらりと立ち寄れるカフェまで。
ホイアンの注目スポットを厳選してご紹介。世界遺産のミーソン聖域へも足を運んでみて。

バー・ブオイ
Bà Buồi
別冊 MAP P7C3

2代続くコム・ガーの老舗店

地元の人や観光客でいつも賑わう小さな店。鶏
のうま味を楽しめる鶏ご飯（コム・ガー・セー）のほ
か、鶏の蒸し焼き38万VNDなどもある。

DATA　交来遠橋から徒歩7分　住22 Phan Chu Trinh
☎090-5767999　時10時30分～14時、16時30分～20
時　休なし

1. 街の食堂といった雰囲気
が旅心をくすぐる　2. 看板
メニューのコム・ガー・セー
3万5000VND

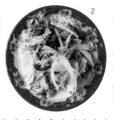

ヴィーズ・マーケット
Vy's Market
別冊 MAP P6A4

ベトナム全土の料理が勢揃い

オープンキッチンが連なる
市場のような造りがユニー
ク。ベトナム全国の料理約
100種類が揃い、調理工
程を見学しながら、気にな
る料理をチェックできるの
がおもしろい。

DATA　交来遠橋から徒歩3分
住3 Nguyễn Hoàng　☎0235-
3926926　時11～22時　休な
し 🅴🅴

1. みずみずしいザボンのサラダ11
万5000VND　2. 店の前の通りは
ナイト・マーケットで毎晩賑わう

カーゴ・クラブ
Cargo Club
別冊 MAP P6B4

トゥボン川を望むテラス席が人気

ホイアン名物をはじめとするベトナムの定番料理
に加え、洋食までが揃う一軒。川沿いにアンホイ
島を望むテラス席は、夕焼けも美しい。

DATA　交来遠橋から徒歩5分　住107-109 Nguyễn Thái
Học　☎0235-3911227　時9時30分～22時　休なし

1. ホワイト・ローズ9万5000VND
2. 揚げワンタン10万5000VND
3. ランタン越しに街を見渡す開
放的なテラス席

プチ情報　オーダーメイドの完成品は宿泊ホテルに届けてくれるが、店で受け取るのがベター。サイズや縫製を確認でき、
問題がある場合はその場で直してもらえる。

メティセコ

別冊 MAP P6B4　Metiseko

洗練されたシルクをまとおう

フランス人デザイナーが手がけるホイアン発のブランド「メティセコ」。ホイアンには2店舗あり、ここはシルク製品を扱う旗艦店。

DATA　交来遠橋から徒歩2分　住140 Trần Phú
☎0235-3929878　時8時30分～21時30分　休なし　E

1. 使い方の解説付きスカーフ185万VND　2. ノースリーブのトップス259万VND

ホイアン・トラディショナル・アート・パフォーマンス・ハウス

別冊 MAP P6B4
Hoi An Traditional Art Performance House

休憩も兼ねてショーを鑑賞

チャム族の民族舞踊や古典劇トゥオン、伝統楽器の生演奏など伝統的な歌や踊りを涼みながら鑑賞できる。内容は週替わりで所要約30分。

DATA　交来遠橋から徒歩5分　住66 Bạch Đằng　☎090-5311918　時8～18時　※公演は10時15分、15時15分、16時15分　休なし　料要チケット（→P40）

チャム族のダンスは、壺を操る器用な振り付けに注目

リーチング・アウト・ティーハウス

別冊 MAP P6B4
Reaching Out Teahouse

時を忘れる癒やしの空間

静かな店内で、お茶やコーヒーが味わえる。耳が不自由な人々の支援団体による運営で、注文はテーブルに置かれたシートに書き込んで伝える。

DATA　交来遠橋から徒歩3分　住131 Trần Phú　☎0235-3910168
時8～20時（土・日曜9時30分～16時30分）　休なし　E

ベトナムティーテイスティングセット13万5000VND

貿易陶磁博物館

別冊 MAP P6B4
Bảo Tàng Gốm-Sứ Mậu Dịch Hội An

日本とのつながりの深さに驚く

ホイアンを中継地として運ばれた陶磁器などの交易品を展示。日本の肥前焼などが見られる。日本人街や朱印船の資料もあり、交流の歴史を知ることができる。

DATA　交来遠橋から徒歩5分　住80 Trần Phú　☎なし　休なし　料要チケット（→P40）

歴史を感じる展示品がずらりと並ぶ

ひと足延ばして

ミーソン聖域

別冊 MAP P2B3
Thánh Địa Mỹ Sơn

2～17世紀にかけて栄えたチャンパ王国の聖地。1999年に世界遺産に登録され、接着剤を使用せず建てられた塔や女神像のレリーフなども多い。現地ツアーを利用して訪れよう。

DATA　交ホイアン旧市街から車で1時間　住Thôn Mỹ Sơn, Duy Phú, Duy Xuyên　☎0235-3731309　時6～17時　休なし　料15万VND（外国人）

1. 広大な土地に赤褐色の塔が林立する
2. ヒンドゥー教シヴァ神の石像
3. 美しい彫刻は必見！

フエ
Huế

グエン朝王宮の顔である午門(→P50)

ベトナム王朝の歴史が残る都

ベトナム北中部にあるフエは、1945年の滅亡まで143年にわたり繁栄したベトナム最後の統一王朝、グエン(阮)朝の都が置かれた街。王宮や歴代皇帝の墓所である郊外の帝廟など、点在する世界遺産に登録された歴史建造物群をゆっくりと見学したい。

1. 豪華な内装の宮廷料理レストラン「ロイヤル」(→P52)
2. 皇帝が眠る帝廟巡りも人気。「カイ・ディン帝廟」(→P57)
3. 名物のバインベオ「ハン・メ」(→P54)

🐾 歩き方アドバイス
街はフオン川を挟み王宮のある北側の旧市街と、南側の新市街に分かれる。散策の目印はチャンティエン橋(別冊MAP●P9C2)。王宮近辺までは徒歩圏内だが、帝廟や寺院は郊外にあるため、タクシーなどを活用して効率よくまわりたい。

Access

〈空港から市内へ〉
フーバイ国際空港から新市街へは車で約20分。到着ターミナル内にタクシーカウンターがあり、メーター制で25万VND程度。

〈市内交通〉
レンタル自転車は1日約5万VND、レンタルバイクは1日15万VND程度。いずれも旅行者が集うレロイ通り(別冊MAP●P9C3)周辺のレンタルショップで借りることができる。観光用シクロは1時間20万VND程度。

〈タクシー会社〉
マイ・リン・タクシー、ビナサン・タクシーなど、複数のタクシー会社が運行している。料金は初乗り1kmで、1万1000VND程度〜。

4人と7人乗りがある

悠久の古都フエを巡る
1日モデルプラン

フエ

グエン朝王宮をはじめ、旧市街から新市街まで、風が心地よいフオン川沿いが散策の中心。観光に食事に、フエの伝統を存分に楽しむスポットはどれも、しっとりと趣のあるものばかり。

王宮内を飾る皇帝を象徴する龍の装飾

● 9:00
グエン朝王宮を見学（→P50）

♪♪ 徒歩で5分

11:30
博物館でお勉強
オススメ ▶ フエ廷骨董博物館（→P51）

🚗 車で7分

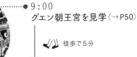
写真映えするモチモチ食感の伝統料理

● 12:30
フエ名物でランチ
オススメ ▶ ハン・メ（→P54）

🚗 車で7分

技ありアイテム

職人が丹精込めて作った工芸品が揃う

● 13:30
ご当地みやげをお買い物
オススメ ▶ ファップ・ラム・タイ・フン（→P55）

🚗 車で5分

15:30
甘味処でひと休み
オススメ ▶ チェー・ヘム（→P56）

♪♪ 徒歩で5分

キラキラ♪

夜間、美しくライトアップされるチャンティエン橋

17:00
チャンティエン橋周辺の
フオン川沿いを散歩

🚗 車で10分

チャンティエン橋のライトアップは曜日によって時間が異なり、月〜金曜は19〜20時ごろ、土〜日曜は22時ごろまで。7色に輝く橋をバックに記念撮影をぜひ。

18:30
宮廷グルメでディナー
オススメ ▶ アンシエント・フエ・ガーデン・ハウセズ（→P52）

🚗 車で10分

20:00
ナイト・マーケット
（別冊MAP ● P9C2）

1. 皇帝の玉座が残る阮朝王宮の「太和殿」
2. ベトナム版七宝焼のアクセサリー「ファップ・ラム・タイ・フン」

蓮の実入りもあり

3. 甘〜いチェーでほっこり。「チェー・ヘム」
4. 見た目も華やかな「アンシエント・フエ・ガーデン・ハウセズ」の宮廷料理

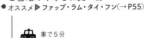
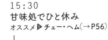

チャンティエン橋の新市街側のたもとでは毎晩18時から22時ごろまでナイト・マーケットを開催。フエを代表する各種みやげが揃うほか、不定期にイベントも実施。橋のライトアップを眺めながら、フエの夜を満喫しよう。

ベトナム初のユネスコ世界遺産
歴代皇帝の愛した
グエン朝王宮

1802年から1945年まで続いたグエン(阮)朝はベトナム最後の統一王朝。その歴代皇帝たちが居城としたのがグエン朝王宮で、郊外の皇帝廟などとともに1993年、世界遺産に登録されている。

旧市街　別冊MAP P8B2
グエン朝王宮
Đại Nội

最後の王朝の栄華を偲ぶ

広大な敷地を高さ6mを超す城壁が守り、さらにその周囲を堀が囲む。すべてじっくり見学すると2時間以上かかるが、時間がない場合は太和殿で引き返しても雰囲気は十分に味わえる。

DATA
🚗チャンティエン橋から車で4分　🏠Trung Tâm Bảo Tồn Di Tích Cố Đô Huế　☎0234-3523237　時6時30分～17時30分(冬期7～17時)　休なし　料20万VND(子供4万VND)

堀(雨季は水が流れる)　ホアビン門
⑦世祖廟
⑥顕臨閣　⑤閲是堂
グエン朝王宮
ヒエンニョン門
④右廡　　④左廡
③太和殿　　出口
ハス池
カート乗り場　チット売り場
23 Tháng 8 通り側　入口　②午門
チュオンドゥック門　①フラッグ・タワー

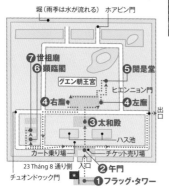

① フラッグ・タワー
Kỳ Đài

王宮の守護神的存在

かつての見張り台。旗の先まで約30mの高さがあり、3層の基壇からなる。戦争や天災で何度も破壊されたが、そのつど修復。現在のものは1948年に再建されたもの。

掲げられた旗は、川を挟んだ新市街からも見える

② 午門
Ngọ Môn

北京の紫禁城がモデル

中央の門は皇帝しか通れず、家臣は脇の入口から出入りしたという。謁見式といった宮廷行事の舞台でもあり、2階のテラスからは太和殿などを見渡せる。

門上の楼閣は緻密で華やかな装飾で彩られている

プチ情報　王宮内では観光用のカートが運行されている。全宮内は広いため、離れた場所にあるスポットは、カートで訪れよう。料金の相場は1時間で1人30万VND。

こちらもチェック

安定宮
Cung An Định
別冊 MAP ● P9D4

館内外の美しい装飾もみもの

バオダイ帝が住んでいたコロニアル建築の邸宅。内部には歴史資料のほか、当時の家具などを展示。

DATA 交チャンティエン橋から車で6分 住97 Phan Đình Phùng ☎0234-3588527 時6時30分〜17時30分(冬期7〜17時) 休なし 料5万VND

フエ宮廷骨董博物館
Bảo Tàng Cổ Vật Cung Đình Huế
別冊 MAP ● P9C2

グエン朝王宮で使用された礼服や象牙印など、各種調度品を展示。1923年に建てられた建物自体も、ベトナムに残る木造建築の傑作とされている。

DATA 交チャンティエン橋から車で4分 住3 Lê Trực ☎0234-3524429 時6時30分〜17時30分(冬期7〜17時) 休なし 料5万VND 静かな館内でゆっくりと鑑賞できる

---

③ 太和殿
Điện Thái Hòa

1. ザーロン帝が創建
2. 屋根などにも龍の意匠が見てとれる

玉座が置かれた王宮の重要建造物

ベトナム戦争時に破壊されたが復元。皇帝の象徴である龍を描いた朱塗りの柱の奥に玉座が据えられている。ここで皇帝の即位式などが執り行われた。

④ 右廡・左廡
Hữu Vu / Tả Vu

宮廷人気分で記念撮影

もとは官吏の詰め所だった建物。右廡は宮廷衣装を着ての記念撮影スポットに、左廡は王宮時代の生活道具の展示室になっている。

衣装レンタル10万〜20万VND、撮影1枚9万VND(撮影のスタイルと衣装によって価格が異なる)。撮影はレプリカの玉座に座って

⑤ 閲是堂
Duyệt Thị Đường

ダンスや獅子舞もあり

ベトナム最古の劇場を復元

ミンマン帝により1826年に創建。かつて皇族たちが芸能を楽しんだ劇場で、当時の衣装や資料を展示。世界無形文化遺産に登録された宮廷芸能も鑑賞できる。

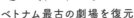

1. 脇に飾られた各種資料も興味深い 2. 宮廷芸能は1日2回、10時と15時に約35分間上演。鑑賞には1人20万VNDが別途必要(5人以上で開催)

⑥ 顕臨閣
Hiền Lâm Các

祭器・鼎(かなえ)は必見

世祖廟の前閣にあたり、建物の裏側には皇帝の権威を象徴する9つの大きな鼎がある。鼎の表面に施された王朝にちなむ風景や動植物などの精緻な装飾も必見。

1. ミンマン帝が作らせたという鼎
2. 先祖を守る堂々としたたたずまい

⑦ 世祖廟
Thế Tổ Miếu

阮朝の歴代皇帝を奉る

横長の建物の内部に、歴代皇帝の祭壇が並ぶ。左右には、彼らに仕えるかのように歴代功臣たちの祭壇が控えている。

13人の皇帝中、10人の祭壇が祀られている

ハイレベルな細工とこだわりの食材

見て楽しい、食べて奥深い グエン朝グルメ

皇帝のために生み出された宮廷料理は、素材、装飾にこだわり抜いた華やかな料理ばかり。
通常、コースで提供され、予約が必要な店が多いので、事前に確認して出かけよう。

写真は複数人でのコース料理を注文した場合の盛り付け例

宮廷料理を召し上がれ！

A ●旧市街

別冊MAP P8A3

アンシエント・フェ・ガーデン・ハウセズ
Ancient Hue Garden Houses

雅やかな空間で豊富な料理に舌鼓

フエ古来の建築様式を再現した建物とアンティークのインテリアが優雅な雰囲気を演出。地元の食材を生かした豊富な宮廷料理が揃う。宮廷料理のコースは2名242万VND〜。

DATA ⊗チャンティエン橋から車で9分 ⏠47 Kiệt 104 Kim Long ☎0234-3590902 🕙10〜22時 休なし 🇪🇪

B ●新市街

別冊MAP P9D2

ロイヤル
Royal

老舗で味わう本格宮廷料理

1975年創業で、店内からはフオン川が一望。宮廷料理コースは予約が必要で2名60万VND〜。伝統音楽の演奏・王族の衣装付きは2名400万VND。

DATA ⊗チャンティエン橋から徒歩10分 ⏠1F, Hương Giang Hotel Resort & Spa, 51 Lê Lợi ☎0234-3822122 🕙6〜22時 休なし 🇯🇧🇪 要予約

プチ情報　宮廷料理はバリエーションが豊富。店ごとに種類や装飾が異なり、それぞれ趣向を凝らした料理を楽しめるのも魅力。分量が多いほうが料理の盛り付けも華やかなので、できるだけ大人数で訪れたい。

Menu

1 フオン・ホアン・カイ・ヴィ
Phượng Hoàng Khai Vị
前菜の定番。卵の薄皮で包んだハムで鳳凰の羽を、大根やニンジンの彫刻で胴体を表現。▶ Ⓐ Ⓑ Ⓒ Ⓓ

2 スップ・ガー・ハッ・セン
Súp Gà Hạt Sen
鶏ガラベースのさっぱりとした蓮の実のスープ。鶏のだしとほんのり甘い蓮の実が相性抜群。▶ Ⓐ Ⓑ Ⓓ

3 バイン・コアイ
Bánh Khoái
フエ風バイン・セオ。米粉のクレープに豚肉やモヤシなどの野菜が入り、ライスペーパーで巻いて食べる。▶ Ⓐ Ⓑ Ⓒ Ⓓ

4 コム・セン
Cơm Sen
蓮の実を贅沢に使い、蓮の葉で包んだ上品な味付けのご飯。ほんのり漂う蓮の葉の香りが優雅。▶ Ⓐ Ⓑ Ⓒ Ⓓ

5 ボー・ヌオン・ラー・ロット
Bò Nướng Lá Lốt
ロットという香草で牛ミンチを巻き、焼き上げたもの。香ばしい香りと牛肉のうま味が口の中で広がる副菜。▶ Ⓐ Ⓑ

6 チャオ・トム・ルイ・ミア
Chạo Tôm Lụi Mía
サトウキビに巻き付けて焼いたエビのつくね。生野菜と一緒にライスペーパーで巻いて食べる。▶ Ⓐ Ⓑ

7 チャ・ゾー・クン・ディン
Chả Giò Cung Dình
網状のライスペーパーを使ったフエ風揚げ春巻。大胆な盛り付けがユニーク。▶ Ⓐ Ⓑ Ⓒ Ⓓ

8 バイン・チャイ・カイ
Bánh Trái Cây
締めに食べたい、甘さ控えめの緑豆入りのまんじゅう。色鮮やかな果物の形で、見た目にも楽しい。▶ Ⓐ Ⓒ

9 コム・ホアン・クン
Cơm Hoàng Cung
ハムやニンジンなど、さまざまな具材が入ったチャーハン。長寿を意味する亀の形で出てくることが多い。▶ Ⓐ Ⓑ Ⓒ Ⓓ

10 宮廷茶
Trà Cung Đình
かつて皇帝も味わっていたというお茶。美容や安眠などさまざまな効用がある。▶ Ⓐ Ⓑ Ⓒ Ⓓ

Ⓒ 別冊MAP P8A2 ●旧市街
イー・タオ・ガーデン
Y Thao Garden

自然のなかで宮廷料理をカジュアルに

一軒家を改装した庭園レストラン。料理は伝統の味を現代風にアレンジ。店内にはフエの古い陶器や絵画のコレクションもある。宮廷料理のコースは2名56万VND～。

DATA 交チャンティエン橋から車で8分 住3 Thạch Hãn
☎0234-3523018 時8～22時 休なし ⒺⒺ

Ⓓ 別冊MAP P4A1 ●フエ郊外
モック・ビエン
Mộc Viên

帝廟観光に便利な庭園レストラン

敷地内に池もある緑豊かな庭園レストラン。トゥ・ドゥック帝廟の近くにあり、各種ベトナム料理が揃う。観光途中のティータイムにも最適。宮廷料理のコースは2名90万VND～。

DATA 交チャンティエン橋から車で15分 住2E Hoài Thanh, Thủy Xuân ☎0234-3932090 時10～22時 休なし ⒿⒺⒺ 要予約

米を使ったメニューのオンパレード!

フエのご当地グルメ

米を多彩にアレンジし、素材の味を生かしたものが多いフエ料理。
食感が楽しい米粉蒸し料理など欲張ってぜ～んぶトライしよう!

**クアン・ニョーの
コムヘン**
Cơm Hến
1万5000VND

ご飯の上にシジミや香草などをのせ、添えられた
アツアツのシジミ汁をかけて食べる。エビの発酵
調味料マム・トムを入れるとまた違った味わいに。
お茶漬けのようでサラサラと食べやすい

**ハン・メの
バインベオ**
Bánh Bèo
5万VND

米粉を蒸した上にエビのでんぶ、カリカリに揚げた
豚の皮などをトッピング。魚醤ヌックマムとトウがら
しのタレをスプーンでかけて食べる。おやつ感覚
で食べられる手軽な一品

新市街	別冊MAP P9D2

クアン・ニョー
Quán Nhỏ

シジミたっぷりのご飯
午前中のみの営業で、早朝
から多くの地元客が訪れる。
シジミのうま味が凝縮され
た、シジミ入りご飯のコムヘ
ンは必食。米麺を使ったブ
ンヘンもある。

DATA　交チャンティエン橋から徒歩10分　住49 Lê Lợi
☎098- 2593320　時6～12時
休なし　☑日本語スタッフ　☑日本語メニュー
□英語スタッフ　□英語メニュー　□要予約

新市街	別冊MAP P9D2

ハン・メ
Hàng Me

米蒸し料理ならココ!
バインベオや、エビをタピ
オカ生地で包んだバイン
ロックなど、米粉を使った
蒸し料理専門店。米を使
った、味も形もさまざまな
料理を食べ比べてみよう。

DATA　交チャンティエン橋から徒歩12分　住12 Võ
Thị Sáu　☎0234- 3837341　時8～22時　休なし
□日本語スタッフ　□日本語メニュー
□英語スタッフ□英語メニュー　□要予約

プチ情報　コムヘンが食べられる「クアン・ニョー」には、米の代わりにインスタントのラーメンを使ったバージョンもある。
ジャンクな味わいが地元の若者に人気。話のネタにトライしてみては?

とっておきのアイテムを自分へのご褒美に

フエの素朴な手作り品

アクセサリーから食器まで巧みな技で作り出される工芸品。
おみやげだって出合いが大事。心ときめく手作りの逸品をフエで探して。

※種類や模様は変更あり
商品写真はイメージ

1

1

2

2

1.カラフルな色合いが映える湯
呑み75万VND　2.古い電話
線を編み込んだユニークな器7万
VND

ホープ・ショップ

Hope Shop

フエの特産品が大集合

食品パッケージや電話線を
再利用した雑貨など、ユニー
クで環境にやさしいアイテム
を販売。少数民族などに働
く機会を提供するNPOの
運営で、工房も併設。

DATA　交チャンティエン橋から車で8分　住20 Nhật
Lê　☎0234-3511511　時8時～17時30分　休日曜
□日本語スタッフ　□日本語メニュー
☑英語スタッフ　□英語メニュー　□要予約

1.敷地内の工房で作られた織
物のバッグ12万VND　2.包
装紙などを再利用したカラフル
な竹籠5万VND

ファップ・ラム・タイ・フン

Pháp Lam Thái Hưng

匠の技が光る工房

青銅などの金属に釉薬で
彩色したベトナム版七宝
焼ファップラムのギャラリ
ー兼ショップ。併設された
工房では、制作風景も見
学できる。

DATA　交チャンティエン橋から車で3分　住66 Chi
Lăng　☎091-4002321　時7～11時、13～17時
休日曜　□日本語スタッフ　□日本語メニュー
☑英語スタッフ□英語メニュー　□要予約

古都の風情を感じながら巡ろう

フエで行きたい 注目スポット総ざらい

グエン朝の歴代皇帝が眠る帝廟から、街歩きで寄りたい人気のローカルスイーツ、
ご当地化粧品まで。時間を見つけて訪れてほしい、選りすぐりのこだわりスポットをご紹介。

別冊MAP P9D2

トロピカル・ガーデン
Tropical Garden

アットホームな南国風レストラン

ヤシの木が繁る庭園で、伝統的なフエの家庭料理が味わえる。化学調味料を控えた料理は、素材の味を生かした日本人にも合う味付け。

DATA 交チャンティエン橋から徒歩8分 住27 Chu Văn An ☎0234-3847143 時9～22時 休なし Ｅ

エビと豚肉の焼そば10万VND～、トロピカルフライドライス11万VNDなど。リーズナブルな料金もうれしい

別冊MAP P9D3

チェー・ヘム
Chè Hẻm

素朴な味わいにほっこり

大通りから少し入った路地裏にあるチェー専門店。ミックスフルーツや蓮の実のチェーなど約10種が揃う。1杯1万5000VND～。

DATA 交チャンティエン橋から徒歩6分 住1 Kiệt 29 Hùng Vương ☎091-6482272 時10～22時 休なし

別冊MAP P9D3

チェリッシュ・スパ
Cherish Spa

気軽に行けるアットホームスパ

ハーブを使用したマッサージに定評。フットマッサージ60分59万3000VND～もあり、街歩きの疲れを癒やすのに最適。

DATA 交チャンティエン橋から徒歩8分 住2F Cherish Hotel, 57～59 Bến Nghé ☎0234-3943943 時9～22時 休なし Ｅ Ｅ

別冊MAP P9C1

ティエン・フオン
Thiên Hương

フエの銘菓といえばこれ

ゴマが練り込まれた餅メースンの製造元である、1978年創業の老舗伝統菓子店。生薬を配合し、薬膳として古くから王宮内で親しまれる宮廷茶なども取り扱う。

DATA 交チャンティエン橋から徒歩8分 住20 Chi Lăng ☎0234-3511246 時7～21時 休日曜 Ｅ

看板商品の餅メースン1万2000VND～。白ゴマのほかに黒ゴマバージョンもある

プチ情報 カー・フエ・クルーズ（→ P57）は、船着き場付近で直接チケットを販売している個人業者もある。料金を割り増して請求されることもあるので、チケットは正規の売り場で購入しよう。

別冊
MAP
P4A1

カイ・ディン帝廟
Lăng Khải Định

越仏折衷の華やかな墓所

フランスに傾倒し、派手好きだったとされる第12代カイ・ディン帝の墓所。きらびやかな内部の装飾も圧巻。

DATA 交車で20分 住Xã Thủy Bằng, Thị Xã Hương Thủy ☎0234-3523237 時7時〜17時30分(9〜1月は〜17時) 休なし 料15万VND

Check

ラララ〜♪

カー・フエ・クルーズ
Nghe Ca Huế Trên Sông Hương/別冊MAP●P9D2

龍の姿を模したボートに乗り、フオン川の夜景を楽しみながら、伝統民謡カーフエを鑑賞できる。出航は毎日19時と20時の2回、所要約1時間。チケットは1人10万VND。

DATA [現地ツアー申込先]ツーリスト・レ・ビン(Tourist Lê Vinh) 交チャンティエン橋から徒歩3分 住Kiosk 6, Công Viên 3/2, Lê Lợi ☎093-5010669 時9〜21時 休なし E

別冊
MAP
P4A1

トゥ・ドゥック帝廟
Lăng Tự Đức

「詩人」皇帝による癒やしの名園

詩と哲学を愛したという第4代皇帝のトゥ・ドゥック帝を祀る。緑豊かな敷地の中に蓮池と釣殿を置いた絵画のように美しい造りが特徴で、晩年は皇帝の隠遁所にもなっていた。

DATA 交チャンティエン橋から車で15分 住Phường Thủy Xuân ☎0234-3523237 時7時〜17時30分(9〜1月は〜17時) 休なし 料15万VND

1.門を入ってすぐに大きな蓮池がある 2.皇帝が涼を楽しんだ釣殿

塔の各層には仏像が安置されている

別冊
MAP
P4A1

ティエン・ムー寺
Chùa Thiên Mụ

数々の詩に詠まれた優美な塔

天女のお告げにより建てられたとの伝説がある、1601年建立の禅寺。八角7層からなる中国風の塔や、境内にある重さ2tの大鐘がみどころ。寺から望むフオン川の景色も美しい。

DATA 交チャンティエン橋から車で12分 住Xã Hương Long 時散策自由 休なし 料無料

アゼライ・ラ・レジデンス・フエ

別冊
MAP
P8B4

Azerai La Residence Hue

街なかの邸宅でリゾート気分を楽しめる

20世紀初頭の元フランス総督公邸を改装したホテル。アール・デコ様式を取り入れたモダンな客室は、贅沢な時間を過ごすのに最適。フオン川沿いにあり、緑豊かな敷地にはプールも完備。

アンティークな調度品で飾られた客室

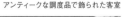

DATA 交チャンティエン橋から車で4分 住5 Lê Lợi ☎0234-3837475 料スーペリアスタンダード550万VND 122室 E R P F

ニャチャン
Nha Trang

ランドマークの香塔 (MAP●P58A2) ↑

1. パラソルが並ぶニャチャンのビーチ　2. 本土とホンチェー島を結ぶ海上ロープウェイ　3. ニャチャン大聖堂のステンドグラス　4. 家族連れでも楽しめるヴィンパール・ランドの遊園地

ベトナムが誇る海辺のリゾート

ベトナム有数のビーチリゾート、ニャチャン。お手頃から高級までさまざまなクラスのホテルが揃い、予算に合わせた滞在が楽しめる。マリンスポーツも盛んで、特に美しいサンゴ礁が広がるニャチャン沖は恰好のダイビングスポットにもなっている。

Access

〈空港から市内へ〉

カムラン国際空港から市街へは車で約45分。タクシーは定額制でおおよそ50万VND程度。飛行機の到着時刻に合わせてシャトルバスも運行され、市街中心部まで1人6万5000VND。

〈市内交通〉

レンタル自転車1日約5万VND、レンタルバイク1日15万VND〜。一部ホテルや商店で借りられる。タクシーも多いので、ダム市場やニャチャン大聖堂へはタクシーを利用しよう。

〈タクシー会社〉

ビナサン・タクシーやマイ・リン・タクシーなど、多くのタクシー会社が運行している。初乗り500mで、1万2000VND程度〜。

レンタル自転車

🚲 歩き方アドバイス

ビーチ沿いのチャンフー通りが街の中心。ビーチに立つランドマーク的建物の香塔からビエットゥ通り周辺にレストランやショップが集まる。街の規模は小さく、中心部だけなら徒歩でも十分にまわれる。

まめ知識　ニャチャンのビーチの大半は一般開放されている。レンタルデッキチェアもあり、1台1日5万VND。ドリンクなどは現地で買えるが、タオルはないので持参しよう。

ニャチャン大聖堂
Nhà Thờ Núi

市内を一望できるカトリック教会

小さな山の上にあるゴシック様式の教会。日中は中に入ることができ、弧を描く美しい天井や色とりどりのステンドグラスが見事。

DATA　交香塔から車で3分　住31A Thái Nguyên　☎0258-3823335　時4時45分〜20時30分　休なし　料無料

堂々とした重厚な建築。平日は1日2回、日曜は5回ミサが行われる

ヴィンワンダーズ・ニャチャン
VinWonders Nha Trang

一日まるごと楽しめる施設が充実

ニャチャン沖のホンチェー島にあるテーマパーク。遊園地、ウォーターパーク、水族館などを備え、長さ約3300mの海上ロープウェイ(運休中)かスピードボートで訪れる。

DATA　交香塔から車で10分、海上ロープウェイで15〜25分(スピードボートなら約10分)　住Đảo Hòn Tre, Vĩnh Nguyên　☎097-7805749　時8〜20時　休なし　料80万VND(身長100〜139cmの子供と60歳以上は60万VND/島との往復路含む)

巨大な魚が泳ぐ水族館の水中トンネルは必見

ポーナガール塔
Tháp Bà Ponagar

チャンパ王国時代のレリーフに注目

チャンパ王国がこの地を支配した8〜9世紀ごろに建設された塔。港を見下ろす高台に立ち、海の守り神ポーナガールを祀っている。

DATA　交香塔から車で9分　住Đồi Cù Lao, Vĩnh Phước　☎なし　時8〜18時　休なし　料3万VND

チャム族独特のレンガ造りの高度な建築様式が見られる

ネム・ヌーン・ニャチャン
Nem Nướng Nha Trang

香ばしい豚肉のうま味を堪能

ニャチャン名物である豚肉の炭火焼ネムヌーンの専門店。市内中心部にほど近く訪れやすい。ネムヌーン6万VND。

DATA　交香塔から徒歩8分　住39 Nguyễn Thị Minh Khai　☎0258-3523446　時7〜22時　休なし　Ⓔ

豚肉はたっぷりの生野菜と一緒にライスペーパーで巻いて食べる

セイリング・クラブ・ニャチャン
Sailing Club Nha Trang

海風が心地よいカフェ

サーモンの照り焼38万VND

ビーチフロントにあるカフェ&レストランで、街歩きの休憩にもぴったり。22時からはクラブに変身、土曜夜にはビーチパーティも開催。

DATA　交香塔から徒歩10分　住Phía Đông 72-74 Trần Phú　☎0258-3524628　時7時〜翌2時30分　休なし　ⒺⒺ

パッションフルーツモヒート17万VND

ダム市場
Chợ Đầm

バラマキみやげはここで

幾重にも露店が取り囲む円形型の市場。食料品から衣類、貴金属まであらゆるものが揃う。おみやげにしたい民芸品などもあり。

ニャチャン特産の真珠のブレスレット25万VND、ピアス15万VND

DATA　交香塔から車で6分　住Chợ Đầm, Nha Trang　☎なし　時店により異なる　休なし

市場前にも多くの屋台が軒を連ねる

中部の文化遺産に特に注目！

ベトナムの世界遺産

ベトナムにある世界遺産は計8つ。そのすべてがベトナムの北部と中部にあり、うち中部には4つの世界遺産がある。ハノイやホーチミン観光の次はぜひ、中部の世界遺産にも足を延ばしてみよう。

※年号は登録年

① ハノイ-タンロン王城遺跡中心地区
Central Sector of the Imperial Citadel of Thang Long - Hanoi

文化遺産：2010年　別冊MAP●P2B1

1009年に建国された李（リー）朝のタンロン城と、グエン朝期に建てられたハノイ城を合わせた遺跡群。タンロン城には歴代王朝の異なる遺構が重なって残る。（→P122）

② 胡王朝の城塞
Citadel of the Ho Dynasty

文化遺産：2011年　別冊MAP●P2B1

タインホア省にある、15世紀初頭にわずか7年の間ベトナムを支配した胡朝期の遺跡群。城塞内の建物は残っておらず、東西南北を守るアーチ型の城門のみがその姿をとどめている。

③ フォンニャ-ケバン国立公園
Phong Nha-Ke Bang National Park

自然遺産：2003年　別冊MAP●P2B2

約4億年前に形成されたカルスト地形の大地が広がる国立公園。全長約9kmに及ぶ世界最大のソンドーン洞窟をはじめ、巨大な鍾乳石や石筍をもつ洞窟が多数発見されている。

④ ハロン湾
Ha Long Bay

自然遺産：1994年　別冊MAP●P2B1

トンキン湾北部にある約1500㎢もの広大な湾に、大小約2000もの奇岩が林立。山水画を思わせる景観から「海の桂林」ともよばれる。石灰岩の浸食でできた鍾乳洞などみどころも多い。（→P126）

⑤ チャンアン複合景観
Trang An Landscape Complex

複合遺産：2014年　別冊MAP●P2B1

優れた景観と文化的価値の双方を備えたベトナム初の複合遺産。川と山々が織りなす美しい景観は必見。10～11世紀の丁（ディン）朝と前黎（レー）朝の古都ホアルーも含む。

⑥ フエの建造物群
Complex of Hué Monuments

文化遺産：1993年　別冊MAP●P2B2

グエン朝王宮ほか、寺院や帝廟など歴史的な建物が数多く点在。ベトナム、中国、西洋など時代背景を感じる建築様式もみどころ。戦争により壊滅的な被害を受けたが、復旧が進められている。（→P50）

⑦ 古都ホイアン
Hoi An Ancient Town

文化遺産：1999年　別冊MAP●P2B3

16～17世紀にかけて海上交易の中継地として繁栄し、日本人街もあったとされる港町。東西の文化が融合した旧家が連なる旧市街は、ノスタルジックな雰囲気満点。（→P40）

⑧ ミーソン聖域
My Son Sanctuary

文化遺産：1999年　別冊MAP●P2B3

2～17世紀ごろ、ベトナム中部の海沿いに栄えたチャンパ王国の宗教遺跡。ダナン郊外の山中にあり、赤褐色の焼成レンガで建てられた60以上のヒンドゥー様式の祠堂が残る。（→P47）

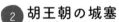

ハノイ

ダナン

ホーチミン市

まめちしき　1991年に地元の人が偶然発見したソンドーン洞窟。それまでマレーシアのディア洞窟が世界最大とされていたが、2009年に行われた調査により、世界最大の記録が塗り替えられた。

ホーチミン
Hồ Chí Minh

"東洋のパリ"ともよばれるホーチミン市。

コロニアル建築や洗練された雑貨を目当てに、

フランスの面影が漂う街並みをおさんぽ。

ホーチミン市 エリアNAVI

主なみどころやショッピングスポットは、ドンコイ通りの徒歩圏内に集中している。
交通の起点となるのはランドマークの市民劇場。チョロンや2区など、
少し離れたエリアへはタクシーの利用がおすすめ。

① 1区北部＆3区
Khu Vực Phía Bắc
Quận 1 & Quận 3

日本料理店や西欧料理店が多い
ドンコイ通りの北側と、統一会堂
の西側、そして各国の領事館が集
まり穴場レストランやカフェが集ま
るグエンティミンカイ通りの北側
一帯。

別冊MAP P12B2～P13C1
🚇市民劇場から車で5～15分

必見スポット
・統一会堂…P92
・ロン・ヴァン
　水上人形劇場…P92
・フォー・ホア…P68

② チョロン
Chợ Lớn

18世紀後半から華僑が多く暮
らす東南アジア有数の中華街。
チョロンエリア最大のビンタ
イ市場を中心に中国寺院や中
国料理店などが点在。エリア
が広いので、タクシーで移動
するほうがよい。

MAP 別冊P10A4
🚇市民劇場から車で25分
必見スポット ・ビンタイ市場…P92

③ ファムグーラオ＆
デタム通り
Phạm Ngũ Lão & Đề Thám

格安ホテルやツアー会社が密集するツーリスト
エリア。欧米人旅行者を対象とした、多国籍料理
店やカフェ、バーも多数。夜になると大音量で音
楽を流すバーのネオンがきらびやかに光る。

別冊MAP P12B4
🚇市民劇場から車で10分

必見スポット
・フィン・ホア…P66
・フォー・クイン…P69

ホーチミン市

タン・ソン・ニャット国際空港へ✈

レ・ヴァン・シー通り

8月革命通り

サイゴン駅

リ・トゥ・ォン・キエット通り

2月3日通り

10区

コー・ザン・グ通り

ファン・ヴァン・オ通り

② チョロン

チャンフンダオ通り

5区

ビンタイ市場

6区

タウフー運河

④ タオディエン地区
Thao Dien

サイゴン川の対岸にあり、在住欧米人の多い高級住宅街。ベトナム、西欧問わず洒落たレストランやショップが次々とオープンしているエリアで、お気に入りの店を探しに一日かけてゆったりと見てまわりたい。

別冊MAP P10A1
🚇市民劇場から車で25分

⑤ ドンコイ通り
Đồng Khởi

雑貨店や大型ホテルが立ち並ぶ観光ストリート。通りの中ほどにある市民劇場をはじめ、聖母マリア教会、ホーチミン市人民委員会庁舎など、コロニアル建築のみどころも数多く集まるエリア。

別冊MAP P14B1〜P15D3
🚇タンソンニャット国際空港から市民劇場まで車で30分

必見スポット ・ホーチミン市人民委員会庁舎…P64 ・聖母マリア教会…P65
・中央郵便局…P65 ・市民劇場…P64

⑥ パスター＆
トンタットティエップ通り
Pasteur & Tôn Thất Thiệp

パスター通りは日本人オーナーの店など、センスのよいブティックが軒を連ね、トンタットティエップ通りでは、短い通りに個性的な店が密集している。集合住宅の上階などにも小さな店があるので見逃さないようにしよう。

別冊MAP P14B3・P15C3
🚇市民劇場から徒歩5〜10分

必見スポット ・サイゴン・キッチュ…P82

⑦ ベンタイン
市場周辺
Chợ Bến Thành

2000軒以上もの店がひしめくベンタイン市場を中心に、ローカル色豊かな食堂やショップが集まる。

別冊MAP P14A4〜B4
🚇市民劇場から徒歩10分

必見スポット ・ベンタイン市場…P86

コロニアル建築からお買い物までギュっと凝縮

ココだけは押さえておきたい
ホーチミン1 Day Plan

主要スポットが中心部に集まるホーチミン。観光、グルメ、ショッピングにエステと、
一日まるごとフル活用して楽しむ、王道プランをご紹介！

1 別冊MAP P14B4 ベンタイン市場
Chợ Bến Thành
→P86

徒歩10分

市場でショッピング！

膨大なショップが集まるホーチミン最大の市
場。熱気を肌で感じながら、アジアン雑貨から
ファッション、食品までお気に入りを見つけて。

値段交渉も楽し
みながら買い物
を楽しんで

正面壁の装飾は
1898年の建設当
時、フランスから
輸入されたもの

あわせて見学 市民劇場
Nhà Hát Thành Phố/別冊MAP●P15C2
ドンコイ通りに立つバロック様式の建物。精緻な装飾が施された
外観は、パリのオペラ・ガルニエを思わせる美しさ。
DATA 住7 Lam Sơn Sq. ※観光目的の入場は不可

アーチ型の5つ
の正面扉は鉄
製。装飾のモチ
ーフは植物

絶好の記念撮影スポット。道路を渡ったところで撮ろう

2 別冊MAP P14B2 ホーチミン市人民委員会庁舎
UBND Thành Phố Hồ Chí Minh

旧サイゴン時代の趣を今に伝える

古代ローマの建築様式をもとにしたフランスの
アンビール（帝政）様式の建物で、1908年建
造。左右対称のデザインが特徴。

DATA 交市民劇場から徒歩5分 住86 Lê Thánh Tôn
※内部見学不可

徒歩8分

3 別冊MAP P14B1 プロパガンダ
Propaganda →P83

大きなプロパガンダ壁画が印象的

ランチは独自にアレンジされたベトナム料理で。
大きなプロパガンダ壁画が描かれたオシャレ空
間で、欧米人客から特に人気が高い。

枝豆入り豆腐サラダ17万3000VND
などベジタリアンメニューも

オリジナル生春巻
9万8000VND

🐾 歩き方アドバイス

小さな街なのでコース内のスポットはほとんど徒歩圏内。た
だし、高温多湿のなかを歩き続けていると熱中症など体調を
崩す心配も。休憩を挟み、移動にはタクシーも利用して。

（地図内）
- ⑤中央郵便局
- ④聖母マリア教会
- ③プロパガンダ
- ⑦シークレット・ガーデン
- ⑥ヴィンコム・センター
- ②ホーチミン市人民委員会庁舎
- ⑧サイゴン・サイゴン・ルーフトップ・バー
- 市民劇場
- Hレックス
- Hカラベル・サイゴン
- ホーチミン市民劇場駅（建設中）
- ①ベンタイン市場
- Hマジェスティック・サイゴン
- ベンタイン駅（建設中）
- ビテクスコ・フィナンシャル・タワー
- 0 200m
- N

プチ情報 ホーチミン市人民委員会庁舎と市民劇場は日没後から深夜にかけてライトアップされる。夜空に浮かび上がるコロニ
アル建築が美しく、地元っ子のデートスポットとしても人気。

4 聖母マリア教会

別冊MAP P14B1

Nhà Thờ Đức Bà

ステンドグラスは左右の壁面と正面の祭壇にある

幾何学模様の通気口も要チェック

徒歩2分

高さ57mの2つの尖塔が目印

1883年建築のカトリック教会。ステンドグラスなどはすべてフランスから運ばれた。教会前の広場にはマリア像が立つ。2023年6月現在改装中、終了時期未定。

DATA 🚇市民劇場から徒歩8分 🏠1 Công Xã Paris ☎なし 🕐改装中のため未定 休なし 料無料

徒歩すぐ

5 中央郵便局

別冊MAP P14B1

Bưu Điện Thành Phố

天井のフォルムと床のタイルに注目

フランス人建築家によって1891年に完成。アーチを描く鉄骨造りの天井、色彩豊かなタイルの床に木製のベンチなどが配され、クラシカルなムードがあふれている。

DATA 🚇市民劇場から徒歩8分 🏠2 Công Xã Paris ☎028-39247247 🕐7時30分〜18時（日曜8〜17時）休なし 料無料

ポストカード3万4000VND〜、切手6枚4万VNDなどは売店で購入可

ヨーロッパの駅にたとえられることも

6 ヴィンコム・センター

別冊MAP P15C2

Vincom Center

高層ツインタワー

徒歩4分

ひと際目立つ高級ショッピングモール。7フロアに高級ブランドや飲食店など150店以上が集まり、地元客でいつも賑わっている。

DATA 🚇市民劇場から徒歩2分 🏠72 Lê Thánh Tôn ☎097-5033288 🕐10〜22時 休なし

B3フロアには各国レストランが集まる

徒歩4分

7 シークレット・ガーデン

別冊MAP P14B2

Secret Garden

ディナーは緑豊かな屋上で家庭料理

フランス統治時代の趣が残る古アパートの屋上。ビルが立ち並ぶ中心街にありながら、ベトナム北部の田舎に旅したようなのどかな風景が広がる、人気のベトナム家庭料理店。

DATA 🚇市民劇場から徒歩7分 🏠Tầng Thương, 158 Pasteur ☎090-9904621 🕐11〜22時 休なし 🇪🇪

レモングラスで包んだ豚肉ロール15万5000VND

カラベル・サンセット22万VNDなどオリジナルカクテルも

ライトアップされた市民劇場を見下ろせる

8 サイゴン・サイゴン・ルーフトップ・バー

別冊MAP P15C2

Saigon Saigon Rooftop Bar

徒歩8分

夜景を見ながらバーで乾杯！

高級ホテルの上階にあるバー＆ラウンジ。テラス席から眺めるドンコイ通り周辺の夜景がステキ。毎晩21時からは生演奏も行われている。

DATA 🚇市民劇場から徒歩すぐ 🏠Hカラベル・サイゴン（→P95）9F ☎028-38234999（代）🕐16時〜翌1時30分 休なし 料チャージ無料 🇪🇪

ベトナム料理の顔といえばコレ！

一度は食べたい！
バイン・ミー＆バイン・セオ

軽い食感のバゲットにパテやハム、野菜を挟んだバイン・ミー。パリパリの皮が香ばしい、ベトナム南部を代表する料理バイン・セオ。地元の人がこよなく愛するベトナムの庶民派料理にぜひトライ！

特製バイン・ミー
Bánh Mì Huynh Hoa
6万5000VND
8種類の肉類や生野菜をサンドしたボリュームたっぷりの全部入り Ⓐ

とうがらし
薄く切った生のとうがらし

バゲット
長さ20cmほどのフランスパンが一般的

パテ
味の決め手ともいえる具材。豚のレバーなどを使い、スパイシーで濃厚な味わい

肉でんぶ
甘く味付けし、濃厚なうま味をもつ裂き豚肉

バイン・ミー362
Bánh Mì 362
3万9000VND
ウズラ卵の目玉焼やハム、チキンなどが入ったちょっとスパイシーなバイン・ミー Ⓑ

ハム
店によって異なるが、皮付きや塩味の効いたものなど、数種類のハムが入る

コリアンダー
爽やかな香りがアクセントに

なます
大根やニンジンの甘酸っぱい酢漬け

Ⓐ 別冊MAP 12B3 ●ファムグーラオ通り周辺
フイン・ホア
Huynh Hoa

一日中行列が絶えない人気店
自家製パテやバターを加えたバイン・ミーは1種類のみ。テイクアウト専門で、まとめ買いをする常連客も多い人気店だ。購入時にオーブンでパンを温めてくれるのもうれしい。

DATA 交市民劇場から車で10分 住26 Lê Thị Riêng ☎089-6698833 時6～23時 休なし

Ⓑ 別冊MAP P13C1 ●1区北部
バイン・ミー362
Bánh Mì 362

18種類のバゲットサンドが選べる
1980年代に祖父が始めた店のレシピを受け継ぐ。写真メニューで注文しやすく、トッピングや苦手な食材を除くカスタマイズも自由。朝早くから営業しているので朝食にもおすすめ。

DATA 交市民劇場から車で5分 住25 Trần Cao Vân ☎028-73000362 (Ext 2179) 時6時15分～21時 休なし Ⓔ

まめちしき 肉類の具材が人気のバイン・ミーだが、目玉焼やシュウマイ、イワシのトマト煮などが入ったものもあるので、さまざまなバリエーションを試してみよう。

ヌックマムのタレ
ヌックマムに砂糖や水、とうがらし、なますなどを加えたタレ

皮
米粉などの材料を各店秘伝の割合で調合。薄くパリパリなほどおいしいとされる

生野菜
レタスやからし菜が多く、バイン・セオを包んで食べる

具材
店によりさまざまな具が使われるが、エビ、豚肉、モヤシが定番

特製バイン・セオ
Bánh Xèo Đặc Biệt
18万VND
エビや豚肉、緑豆やモヤシなどが入り具だくさん。添えられる葉野菜で巻いて、ヌックマムのタレにつけて食べよう C

肉団子入り
バイン・ミー
Bánh Mì Thịt
3万VND
たっぷりの肉団子とキュウリやなますが入ったボリューミーなバイン・ミー D

C 別冊 MAP P12B1　●1区北部

バイン・セオ 46A
Bánh Xèo 46A

空席待ち必至の路地裏の名店

ココナッツミルクを加えた米粉の生地をパリパリに焼き上げたバイン・セオは、中にエビやモヤシがたっぷり。直径30cm以上の特大サイズなので、数人でシェアしよう。

DATA 交市民劇場から車で13分　住46A Đinh Công Tráng
☎028-38241110　時10〜14時、16〜21時　休旧暦1・7・9・10月の15日 E E

D 別冊 MAP P15C4　●ドンコイ通り周辺

ニュー・ラン
Như Lan

地元で評判のベーカリー

いつの時間も混み合う。バイン・ミーはショーケースに並べられた具材から指さしで注文も可。麺料理（〜24時）も充実している。店内は販売のほか、イートインスペースもある。

DATA 交市民劇場から徒歩10分　住50 Hàm Nghi
☎028-38292970　時4〜24時　休なし（中秋節のころは月餅専門店になる）

あっさり味のスープと、ツルリとしたのど越し

ベトナムグルメの代表格
必ず食べたい本場のフォー

フォーとは米粉の麺を使ったスープ麺のことで、レストランやフードコート、屋台などどこでも食べられる国民食。せっかくなら専門店で本場の味を堪能しよう。

ハーブ
バジルやノコギリコリアンダー、リモノフィラなどを適当な大きさにちぎり入れる。北部はネギを散らしただけのシンプルなものが一般的だが、南部は大量のハーブが添えられ、好きなだけ無料で食べられる

👑 King of Phở
フォー・タイー
（生牛肉フォー）
Phở Tái　9万VND　Ⓐ

モヤシ
さっと湯にくぐらせたシャキシャキのモヤシは、歯ざわりのアクセントに

とうがらし
スライスやペースト状のサテを加えれば、ピリリとスパイシーに

半生牛肉
ふっくらとやわらかな牛肉は、レアの状態が最もおいしい。スープとともに別碗での追加もできる

スープ
牛骨または鶏ガラベースが基本で、ネギやしょうがなどの野菜をブレンド

麺
米粉に水を加えて練って作る、薄くて平たい麺。コシはなくソフトな食感

Ⓐ 別冊MAP P12B1　●3区
フォー・ホア
Phở Hòa

門外不出のスープに定評あり

3代にわたって味を受け継ぐフォー専門店。牛骨を約6時間煮込んで作る門外不出のスープは、あっさりしながらも深みのある味わい。契約農場から仕入れる牛肉もやわらか。

DATA ⨯市民劇場から車で13分 ⊕260C Pasteur ☎028-38297943 ⏰5時30分～22時30分 休なし Ｅ Ｅ

Ⓑ 別冊MAP P12B1　●ベンタイン市場周辺
フォー・フオン・ビン
Phở Hương Bình

創業60年以上の鶏フォーは必食！

鶏肉を使ったあっさり味のフォー・ガーが人気。1958年創業の老舗で、一家相伝の自慢のスープは細めの麺にもよく合う。さまざまな部位を使った牛肉フォーもある。

DATA ⨯市民劇場から車で8分 ⊕148 Võ Thị Sáu, Q.3 ☎096-7797773 ⏰6時30分～22時30分 休旧暦1・7・9・10月の15日

 まめちしき　レストランで出されるおしぼりは有料の場合が多い。席に着くと持って来てくれるが、使うと有料。料金は2000～4000VND程度で、レシートには Khăn lạnh と表示される。

食べ方指南

トッピングのハーブ、調味料で好みの味にして食べるのが通。まずはそのまま食べ、とうがらしやライムを加えて、辛さや酸味をプラス。ハーブは店によって種類や数が多少異なる。

●ハーブ＆野菜

モヤシ
シャキシャキの食感が◎

ネギ
風味とほのかな苦みをプラス

リモノフィラ
かすかに苦みと渋みが残る味

ノコギリコリアンダー
ギザギザの形が特徴。クセは少なめ

オリエンタルバジル
ほんのり甘く食べやすいハーブ

●卓上調味料

❶黒味噌
コクのある味噌。スープに混ぜても、小皿に取って具につけてもOK
❷チリソース
控えめな辛さ。使い方は黒味噌と同じ
❸塩こしょう
あらかじめ塩とこしょうを混ぜてある
❹ヌックマム
うま味や塩気を足したいときに投入

フォー・ガー
Phở Gà　8万VND
鶏肉のフォー。スープも鶏ガラでとる場合が多い。牛肉よりあっさりめ Ⓑ

ミエンガー
Miến Gà　8万VND
麺がやわらかめのフォーとはひと味違う、プリッとした口当たりが印象的な春雨。香草やライムを好みで加えて味の変化を楽しもう Ⓑ

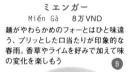

フォー・アップ・チャオ・ボー
Phở Áp Chảo Bò　9万5000VND
香ばしく揚げたフォーの上に牛肉と野菜を炒めたあんをトッピング Ⓓ

フォー・チン（牛肉フォー）
Phở Chín　9万VND〜
口の中でとろけるほどにやわらかく煮込まれた牛肉のスライス入り。生肉に抵抗がある人でも安心 Ⓐ

フォー・ボー・コー
Phở Bò Kho
7万9000VND

ベトナム風ビーフシチュー、ボー・コーに米麺を入れたもの。見た目よりもあっさりしている Ⓒ

Ⓒ
別冊MAP
P12B4

●ファムグーラオ通り

フォー・クイン
Phở Quỳnh

24時間営業のフォー専門店

あっさりスープが特徴で地元客にも観光客にも人気の店。牛肉のフォーのほか、ベトナム風ビーフシチューに麺を加えたフォー・ボー・コーも看板メニューの一つ。24時間営業で、夜に小腹がすいたときにも便利で貴重な一軒。

DATA　交市民劇場から車で13分　住323 Phạm Ngũ Lão　☎028-66506845　時24時間　休なし Ⓔ

Ⓓ
別冊MAP
P15D4

●ドンコイ通り周辺

フォー・ハー
Phở Hà

カリカリ食感が食欲をそそる

あんかけフォーや揚げおこわなど、変わり種メニューが楽しめる北部風フォーの人気店。定番のフォーも評判で、特に放し飼いの地鶏を使った鶏肉フォーは絶品。

DATA　交市民劇場から徒歩8分　住17-19 Hải Triều　☎091-9837337、091-3944943　時24時間　休なし Ⓔ Ⓔ

なんでも巻いて食べるのがベトナム流

ヘルシー＆ポピュラーな
ベトナム風春巻

春巻は、野菜や肉、シーフードをライスペーパーで巻いて食べる定番のおかず。
生・揚げ・蒸しの異なる調理法と、具材のコラボによるさまざまな味を探求しよう。

生

👑 King of Roll

ゴイ・クオン・ラップ＆ロール
（エビと豚肉の生春巻）

Gỏi Cuốn WRAP&ROLL　6万5000VND　Ⓐ

ブン
米粉の生地を押し出して作るやわらかな麺。ブンで腹持ちもアップ

エビ
1匹まるごとのエビを贅沢にイン。身の赤色が外側に透け、彩りもきれい

豚肉
店により異なるが、うま味を増してくれるスライスしたゆで豚が入る場合も多い

野菜
レタスのほか、バジルなどのハーブ類も包み込むことで、香りが広がる

皮
乾燥したライスペーパーが使われるが、具材の水分で食べるころにはしっとり

Ⓐ
別冊
MAP
P13C2

1区北部

ラップ＆ロール
WRAP&ROLL

ご当地の味を手軽に

生春巻に代表されるベトナムの「巻く」食文化に特化した春巻専門店。ファストフード風の清潔な店内で気軽に各地の味が一度に楽しめると、観光客からも評判が高い。春巻に合わせるオリジナルソースも8種あり、組み合わせの妙を楽しみたい。

1. 地元の人で賑わう店内。春巻以外の料理も提供
2. 初めてでも入りやすい雰囲気

DATA 🚶市民劇場から徒歩11分
🏠1F, M Plaza, 39 Lê Duẩn
☎028-38230600
🕙時10～22時 休なし Ⓔ Ⓔ

プチ情報　自宅で生春巻を作るなら、ライスペーパーを買って帰るのもおすすめ。スーパーマーケット（→ P89）には、ゴマ入りのものなど、さまざまな種類のライスペーパーが売られている。

春巻コレクション

定番から変わりダネまで

生 牛肉のからし菜巻
Cuốn Diếp Bò
6万5000VND
ピリッと爽やかな辛みのあるからし菜で牛肉を巻いた、変わりダネ A

揚 揚げ春巻

Chả Giò
9万5000VND（4本）
サクサクの衣の中に豚肉あんがぎっしり。特製ヌックマムソースにつけて C

蒸 焼豚入り蒸し春巻

Bánh Ướt Cuốn Thịt Nướng
5万VND（6本）
米粉の生地で焼豚や香り高いバジルを包んだイチ押しメニュー A

中華風ソーセージ入り生春巻
Bò Bía
5万VND
ソーセージと干しエビの組み合わせでお酒にもぴったり A

生
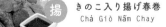

揚 カニ入り揚げ春巻

Chả Giò Cua
20万VND（5本）
カニのほぐし身や春雨、キクラゲがぎっしり詰まった揚げ春巻は、くず芋のホクホクした舌ざわりが特徴 B

揚 きのこ入り揚げ春巻
Chả Giò Nấm Chay
6万9000VND
香り豊かなきのこがたっぷり入ったベジタリアン向けの揚げ春巻 A

B 別冊 MAP P13C1　●1区北部
トゥイー94
Thúy 94

カニ料理をリーズナブルに
ボリュームたっぷりのカニ料理が自慢で、スープからメイン、ご飯までカニ三昧でお腹いっぱいになれるとリピーターも多い。使用する3種のカニは、ベトナム最南端の港町であるカマウ産のものを主に使用。

DATA 交市民劇場から車で10分 住84 Đinh Tiên Hoàng
☎028-39101062　時9〜21時 休なし J E

C 別冊 MAP P13C4　●ベンタイン市場周辺
ジー・マイ
DÌ MAI

ツイストベトナム料理の雄
1970〜80年代のホーチミン市をイメージしたレトロな空間。伝統の味を現代風のスタイルで提供。化学調味料は一切使わず、ベトナム産の食材にこだわった品々は、地元の人の支持も厚い。

DATA 交市民劇場から車で7分 住136-138 Lê Thị Hồng
Gấm ☎028-38217786　時10〜21時 休なし E E

ひと休みのお供は甘いモノ♡

ベトナムらしさ満点！
愛されスイーツ決定版

観光やショッピングの合間のひと休みに欠かせないスイーツ！
ホーチミンのスイーツ女子がこよなく愛する定番メニューを、日替わりで味わっちゃおう。

B 牛乳寒天のチェー（ミックス）
Chè Khúc Bạch Tứ Quý Cẩm
3万VND
季節のフルーツのフレッシュな口当たりに寒天の各風味が楽しい組み合わせ

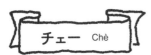

チェー　Chè

甘く煮た豆類やゼリーなどの具材にクラッシュアイス、ココナッツミルクを混ぜたベトナム版ぜんざい。温かいタイプもある。

A チェー・タップカム
Chè Thập Cẩm
2万5000VND
小豆、白豆、ゼリーなどいろいろな具材をたっぷり入れたミックス・チェー。食感や味の違いを楽しめるチェーの王道

タロイモのチェー
Chè Khoai Môn　2万VND
ほくほくとしたタロイモともち米を煮た温かいチェー

A 寒天とザクロのチェー
Chè Sương Sa Hạt Lựu
2万5000VND
さまざまなゼリーの食感が楽しめるカラフルなチェー

プリン（バインフラン）Bánh Flan

ゆっくり時間をかけて蒸し上げるため、ちょっぴり固めなのが特徴。店によってはアヒルの卵や練乳を使うところも。

C バインフラン
Bánh Flan　1万8000VND
濃厚なプリンにストロベリーなどがトッピングされている

A ●フーニュアン区
チェー・ブオイ・ヴィン・ロン
Chè Bưởi Vĩnh Long
別冊MAP ● P11C1

メコンデルタの特産であるザボンを使ったチェーのほか、約30種類のチェーが揃う。ゼリーやココナッツミルクなども手作りでどれもやさしい味わい。

DATA ✕市民劇場から車で17分
住414 Trường Sa, Q.Phú Nhuận
☎090-8534768
時11〜23時　休なし Ｅ

B ●1区北部
クック・バック・タン
Khúc Bạch Thanh
別冊MAP ● P11C1

近年登場し流行し始めた新型チェーの有名店。毎日手作りする7種の牛乳寒天とともにフルーツも味わえる「ミックス」がおすすめ。

DATA ✕市民劇場から車で8分
住68/210 Trần Quang Khải
☎091-7251251
時9時〜22時30分
休なし

C ●1区北部
キム・タイン
Kim Thanh
別冊MAP ● P13C2

ローカルムード満点のミルクカフェ。契約農場から毎朝届くフレッシュミルクを使ったヨーグルトやプリンは、濃厚な味わい。

DATA ✕市民劇場から徒歩12分
住4 Lê Văn Hưu
☎093-8685699
時6時 〜15時30分（土・日曜は〜14時）休なし Ｅ

  シントーはバナナ、パッションフルーツ、マンゴーなどが一般的。専門店以外にもホテル内のレストランや屋台でも味わえる。ホテルやカフェでは「シェイク」「スムージー」と表記されている場合も多い。

アイスクリーム（ケム）Kem

マンゴー、パッションフルーツなど南国フルーツの
アイスがいっぱい！

ココナッツ
アイスクリーム
Kem Trái Dừa
10万5000VND
殻をそのまま器にし、
ココナッツアイスやカ
ットフルーツを詰めた
迫力満点のサンデー

D ブラウニー＆ジェラート
Bánh Brouwnie & Kem Ý
9万5000VND
まぶしたアーモンドが味のアクセ
ントに。ブラウニーの上のジェラ
ートは好みの味を選べる

D ジェラート
Gelato
6万VND（1スクープ）
コーヒーやジャックフ
ルーツ味もある。チ
ョコチップなどのト
ッピングは各種1万
5000VND

シントー　Sinh Tố

フルーツや野菜にコンデンスミルク、氷を
シェイクしたベトナム版スムージー。

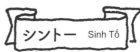

E 特製マンゴーサンデー
Kem Xoài Đặc Biệt 7万VND
甘みと酸味がほどよくマッチ。
色とりどりのゼリーの上に濃厚
マンゴーアイスを重ねて

F マンゴー
Sinh Tố Xoài
5万VND
甘ずっぱい南国
フルーツのスター

F ドラゴンフルーツ
Sinh Tố Thanh Long
3万5000VND
甘さ控えめで、さっぱり
したいときにベスト

F パッションフルーツ
Sinh Tố Chanh Dây
3万5000VND
刺激的なすっぱさが、
暑い日にぴったり

D ●ドンコイ通り
スノーウィー
SNOWEE
別冊MAP ● P15C4
低脂肪乳をベースに現地の食材を
合わせたフレーバーが人気のジェラ
ートブランド。空気の含有量を抑えた
ジェラートは、常時約20種類揃う。

DATA ㊟市民劇
場から徒歩8分
住39 Nguyễn Huệ
☎093-8381717
時10〜22時 休
なし 🄔🄔

E ●3区
ケム・ボー・ヤー
Kem Bố Già
別冊MAP ● P12A1
「ゴッドファーザーのアイスクリーム」
の愛称で知られる、1975年創業の
老舗。約40種ものベトナムらしい
フレーバーが揃う。

DATA ㊟市民劇
場から車で15分
住290/3 Nam Kỳ
Khởi Nghĩa, Q.3
☎028-35260235
時7時30分〜23
時 休なし 🄔🄔

F ●デタム通り周辺
バナナズ・ジュース・ショップ
Banana's Juice Shop
別冊MAP ● P12B3
約20種の旬の南国フルーツを使っ
たスムージーが評判。ザボンやマン
ゴスチンなど、ほかではなかなか見
かけないメニューも多い。

DATA ㊟市民劇
場から徒歩11分
住102B Lê Thị
Riêng
☎090-3042630
時15〜24時 休な
し 🄔🄔

かわいい空間で映えショット！
進化するベトナムの
フォトジェニックカフェへ

ホーチミン市には個性あふれるお店がいっぱい！
素敵なロケーションや、インテリアにこだわった店内で撮影を楽しみながらほっとひと息。

メゾン・マルゥ・サイゴン
MAISON MAROU SAIGON

ベンタイン市場周辺 / 別冊MAP P13C4

ベトナム発の シングルオリジンチョコ

ベトナム産カカオのおいしさを世界に発信するショコラティエ。「Bean to bar」のコンセプトのもと、国内6地域から厳選した原料を使用。店内の工房で作ったトリュフチョコやケーキも用意。

DATA 交市民劇場から徒歩7分
住167-169 Calmette
☎1900636996 時9〜22時（金〜日曜は〜22時30分） 休なし E E

1. ケーキ各種6万VND〜、シグネチャー・マルゥ9万VND、マカロン3万VND（1個） 2. ポップなインテリアも素敵 3. 店内で稼働する焙煎機は必見

撮影のPOINT
ソファ席のガラステーブルに買った商品を並べて撮影。真上から撮るのがオススメ

ドンコイ通り周辺 / 別冊MAP P14B1

ルナム・ドール
RuNam d'Or

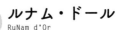

撮影のPOINT
異なるコンセプトの空間に注目。緑を基調としたヴィラ風のテラス席と、レトロで優雅な内装。背景のバリエーションを楽しもう。

大教会前のゴージャスカフェ

フレンチヴィラを改装したハイエンドなカフェレストラン。骨組みは生かして、ファンやブラインドを新調した建物も必見。メニューは伝統的なベトナム料理をベースに提供。

DATA 交市民劇場から徒歩8分
住3 Công Xã Paris ☎028-38293229 時7時30分〜23時
休なし E E

1. エッグコーヒー12万5000VND、ダーク・ラムを使ったカクテル、ナム・ドール26万VND、なめらかな口当たりの豆腐デザート19万VND 2. 聖母マリア教会と郵便局の目の前と抜群のロケーション 3. テラス席は南国インドシナの雰囲気満点

プチ情報 ヨーロッパぽさを感じるコロニアル風の造りだったり、レトロな雰囲気のなかで本格派のコーヒーを提供していたりホーチミンには個性あふれるカフェが点在する。

眺望 CAFE　見晴らし抜群のロケーション

ビンタン区　別冊 MAP P11D4

ブランク・ラウンジ
Blank Lounge

ホーチミン随一の高層タワー「ランドマーク81」内あるカフェ
で、地上420mのタワーの380m部分に位置する。ホテル
入口から、エレベーターを乗り継いでアクセス。

1.展望階は別途入場料が必
要　2.柑橘をプラスした水
出しコーヒー14万5000VND
〜などを提供

DATA　交市民劇場から車で15分　住75 & 76F, The Landmark 81, 208 Nguyễn
Hữu Cảnh, Q. Bình Thạnh　☎090-3672944　時9時30分〜24時　休なし　E

1.散策の合間にちょっとひと息。日替わりのスイーツやフレ
ッシュジュースも要チェック　2.ミックスフルーツティー6万
8000VND〜　3.緑が生い茂る中庭にはテラス席もある

タオディエン地区　別冊 MAP P10B2

ズズ・コンセプトストア
ZUZU concept store

ベトナムの旧家でティータイム
ベトナム中部の古都フエから移築さ
れた歴史ある家屋をカフェ＆セレク
トショップとして利用。建物の茶と
黒の風合いが落ち着く空間は庭の緑
との相性もよい。

DATA　交市民劇場から車で25分
住48A Trần Ngọc Diện, TP. Thủ
Đức　☎077-9148390　時10〜
17時　休火・水曜　J E E

撮影のPOINT
彫刻が施された家具を背景
に、静かなひとときをカメラ
に収めたい。

タオディエン地区　別冊 MAP P10A1

ローバニスト
L'HERBANYSTE

撮影のPOINT
テント風のテラス席はリゾート感満点。
レースカーテンとカラフルなテーブルセ
ットをうまく入れて撮影しよう。

**ハイセンスな
リゾート風カフェ**
ヴィラの立ち並ぶ一角にある一軒家。
開放的なリビングスペースと、南国の緑
とプールを備えた中庭が迎えてくれる。
ヴィーガンに配慮したヘルシー＆オー
ガニックメニューを楽しみたい。

DATA　交市民劇場から車で25分
住Villa 215E4, Nguyễn Văn Hưởng,
TP. Thủ Đức　☎035-7392910
時8〜17時（土〜日曜9〜18時）　休
月曜　E E

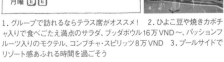

1.グループで訪れるならテラス席がオススメ！　2.ひよこ豆や焼きカボチ
ャ入りで食べごたえ満点のサラダ、ブッダボウル16万VND〜、パッションフ
ルーツ入りのモクテル、コンブチャ・スピリッツ8万VND　3.プールサイドで
リゾート感あふれる時間を過ごそう

空前のレトロブーム到来！

古き良きベトナム体験
レトロカフェでほっこり

歴史的な建物や、古いアパートの一部を利用したカフェが注目を集めている。
時が止まったような空間でドリンクやスイーツを楽しみながらひと休み。

ドンコイ通り ｜別冊 MAP P15D3｜ カフェ・コー・バー
Cà Phê Cô Ba

60年代を思わせる
隠れ家レトロカフェ

1960年代を舞台にしたベトナム映画
『コー・バー・サイゴン』の作品世界
をモチーフにしたカフェ。足踏みミ
シンやアオザイなどのオブジェや、
内装も当時のものを基調とし、店
内外に描かれたレトロなイラストは
撮影スポットとしても人気。

ごはん

プレートごはん8万5000
VND〜、ココナッツコ
ーヒー、アロエ入りハ
ーバルドリンク各7万
5000VND

クラシカルな家具が配された
店内は多くの地元客で賑わう

映画をイメ
ージした小
物のディス
プレイ

ビルの2階にあり、階段部分にも
レトロなイラストが

```
DATA  交 市民劇場から徒歩6分
住 2F, 4-6 Đồng Khởi   ☎ 093-3225027
時 7時30分〜23時   休 なし
□日本語スタッフ      □日本語メニュー
☑英語スタッフ        ☑英語メニュー    □要予約
```

ドンコイ通り ｜別冊 MAP P15D2｜ 3Tカフェ・チュン
3T Cà Phê Trứng

まるでデザートな卵入りコーヒー

ドリップコーヒーに卵黄とコンデンスミルクのクリ
ームを加えたエッグコーヒーが看板メニュー。濃厚
な味わいは、飲むティラミスと称されるほど。店内
は1950年代のホーチミ
ン市を思わせるレトロ調
で、若者の写真撮影スポッ
トにもなっている。

ツナとチーズをのせたス
パイシー・ツナ・サンド
イッチ3万5000VND

ごはん

ドリンク

3Tエッグコーヒー
5万5000VND

```
DATA  交 市民劇場から徒歩7分
住 1A Tôn Đức Thắng   ☎ 028-35355311
時 7〜24時   休 なし
□日本語スタッフ      □日本語メニュー
☑英語スタッフ        ☑英語メニュー    □要予約
```

 プチ情報　ホーチミンのレストランやカフェでは、朝食やランチメニューを用意しているところが多い。とはいっても時間制限の
あるものは少なく、たいていの店では終日または17時ごろまでオーダーできる。

 ドンコイ通り周辺 **別冊MAP P15C1**

バン・クアン・カフェ
Bâng Khuâng Café

黒猫がいざなうアパート内カフェ

古アパートの角部屋を改装したカフェ。スペースは2つに区切られていて、レンガ風の壁に囲まれたフロアに木製の椅子とテーブルを配置。地元の人たちがおしゃべりや読書を楽しんでいる。

居心地のよい空間で思い思いの時間を楽しむ

```
DATA　交市民劇場から徒歩4分
住3F, 9 Thái Văn Lung
☎090-3878667　時7時～22時
30分　休なし
□日本語スタッフ
□日本語メニュー
☑英語スタッフ
☑英語メニュー　□要予約
```

壁のはげ具合や床のタイル模様が空間を演出する

/ドリンク＆スイーツ/
ココナッツミルクのチェー3万VND、しょうが入りマンゴースムージー5万5000VND

ドンコイ通り **別冊MAP P15D3**

ゴッドマザー・ベイク・アンド・ブランチ
Godmother Bake & Brunch

60年代を思わせる隠れ家レトロカフェ

ヘルシーさと美しい盛り付けが特徴の「オーストラリアン・ブランチ」をコンセプトにした、ごはんもしっかり食べられるカフェ。ドンコイ通りに面したビルの3階にあり、平日のランチ時には近隣のOLたちが足繁く通う。

```
DATA　交市民劇場から徒歩6分　住3F, 4 Đồng Khởi
☎085-5391777　時8～21時　休なし
□日本語スタッフ　□日本語メニュー　☑英語スタッフ
☑英語メニュー　□要予約
```

/ごはん/

テーブル席のほか、ソファ席もあり、ゆったりとくつろげる

華やかな盛り付けは写真映え必至。グリーンスムージー12万VND、スマッシュド・アボカド16万VNDなど

 1区北部 **別冊MAP P11C1**

カフェ・ドー・フー
Cà Phê Đỗ Phủ

2階席は天井が高く開放的

戦時下の暮らしを刻む木造家屋

ベトナム戦争時に北軍のスパイの活動拠点として使われ、現在は市の史跡にも指定される古民家を用いたカフェ。名物料理は焼豚肉をのせたご飯のコム・タム。

```
DATA　交市民劇場から車で16分
住113A Đặng Dung　☎089-8107113
時7～22時（コム・タムの販売は～14時）
休なし　□日本語スタッフ　□日本語メニュー
☑英語スタッフ　☑英語メニュー　□要予約
```

甘豚の耳、玉子焼など好みのトッピングが楽しめるコム・タム（焼豚肉のせご飯）5万VND～

2階の戸棚の床に設けられた脱出口
/ポイント/

隠れ家で味わう高級ベトナム料理

味もムードもステキな
憧れの邸宅レストラン

一軒家を利用したスペシャルな空間で、目にも麗しい料理の数々を召し上がれ。
カジュアルな服装でOKだが、せっかくならおしゃれして行こう。

1

1区北部　別冊 MAP P11C1

クック・ガック・クアン
Cục Gạch Quán

1940年代の農村をイメージ

建築家のオーナーがフレンチヴィラを改装。古道
具などをインテリアにして、南部の農村の暮らし
を再現。レトロなソンベー焼の器で供されるのは、
一般家庭で親しまれている素朴な家庭料理。ブ
ラピ＆アンジー夫妻が訪れたことでも有名。

1. 古家具を配した店内　2. エ
ビのココナッツジュース煮　24万
VND (300kg)、ハマグリのスープ
13万VND、ズッキーニの花炒め
12万VND　3. 民家のような店

DATA 🚇 市民劇場から車で15分
🏠 10 Đặng Tất
☎ 028-38480144　🕘 時9～23時　休 なし
☑ 日本語スタッフ　☑ 日本語メニュー
☑ 英語スタッフ　☑ 英語メニュー　☑ 要予約

 まめ ちしき　上記で紹介したような高級店でも、料理は基本的にシェアして食べるのがベトナム流。オーダーに迷ったら、クック・ガッ
ク・クアン以外はセットメニューもあるので、こちらをオーダーするのがおすすめ。

1.ホイアンのランタンを飾る　2.蓮の実入り炒飯25万3000VND、ダックローストのマンダリンソース32万VND　3.地下のワインセラーでも食事が可能

1区北部　別冊 MAP P13D2

マンダリン
Mandarine

ベトナム屈指の高級ダイニング

国賓級のゲストも数多く訪れる、高級ベトナム料理店。フレンチヴィラを利用した店内は、宮廷の装飾をモダンにアレンジ。フランスのヴィンテージを含め、世界各国のリストが揃うワイン(ボトル98万VND〜)をぜひとも一緒に。

```
DATA ㊇市民劇場から徒歩12分
㊟11A Ngô Văn Năm ☎028-38229783 ㊞11時
30分〜14時、17時30分〜22時 ㊡なし
□日本語スタッフ　□日本語メニュー
☑英語スタッフ　☑英語メニュー　☑要予約
```

1.4.夜は予約がベター　2.夜は伝統音楽の生演奏も3.グレープフルーツとエビのサラダ19万7000VND、ホイアン風揚げ春巻19万2000VND

1区北部　別冊 MAP P11D1

ホイアン・センス
Hội An Sense

ベトナム中部のホイアン料理

世界遺産にも登録される古都・ホイアンの味を中心に、各地方の料理が味わえる。調味料もホームメイドと手作りにこだわった料理は、芸術的な盛り付けも美しい。古民家を改装した店内には、すべてホイアンから取り寄せた装飾品が並ぶ。

```
DATA ㊇市民劇場から徒歩12分
bRooftop, 12 Phan Kế Bính ☎028-38237694
㊞11〜14時、17時30分〜22時 ㊡なし
□日本語スタッフ　☑日本語メニュー
☑英語スタッフ　☑英語メニュー　□要予約
```

中心部から抜け出しておしゃれエリアへ

タオディエン地区の
リバーサイドで美食を楽しむ

サイゴン川に囲まれたタオディエン地区では、川を望むテラス席や中庭をもつ
レストランが多く集まる。リゾート気分を盛り上げてくれること間違いなし！

タオディ エン地区 ／ 別冊 MAP P10B2 ／ ザ・デック
The Deck

川風を感じながらブランチを

サイゴン川に面する開放的なレスト
ラン＆バーで、対岸を望むテラスが特
等席。各国の要素を融合した独創的
なフュージョン料理を、100種以上の
ワインやカクテルと楽しめる。朝食も
人気！

DATA 🚗市民劇場から車で19分 🏠38 Nguyễn Ư Dĩ, Thảo Điền, TP.
Thủ Đức ☎028-37446632 🕐時8〜23時ごろ
🈳なし　予算/昼40万VND〜、夜150万VND〜(2人)
☐日本語スタッフ　☐日本語メニュー
☑英語スタッフ　☑英語メニュー　☑要予約(なるべく)

1.店内からも川を望める。窓際席は予約がベター　2.人気はリバーフロントの
テラス席　3.フーコック産エビの春巻25万VND　4.ローストダックとスイカ、
カシューナッツのサラダ25万VND

タオディ エン地区 ／ 別冊 MAP P10A1 ／ ビストロ・ソン・ヴィ
Bistro Sông Vie

朝・昼・晩いつでも利用できるのがうれしい

「ダイニング・バイ・ザ・リバー」がコンセプト。コロニアル調
のホテル内にあるダイニングで、ベトナムをはじめとしたア
ジア各国のフュージョン料理が楽しめる。屋内席もあるが、
ゆるやかな川の流れを望めるテラス席がおすすめ。街の
喧騒を忘れ、ゆったりと食事を楽しもう。

DATA 🚗市民劇場から車で18分 🏠Villa Sông Saigon,
197/2 Nguyễn Văn Hưởng, TP. Thủ Đức ☎028-
37446090 🕐時7〜22時 🈳なし
☐日本語スタッフ　☐日本語メニュー
☑英語スタッフ　☑英語メニュー　☑要予約

1.川を眺めながら優雅な時間を過ごせるテラス席　2.ホテル専用のボートピア
につながるテーブル席　3.左:シンガポール・チリクラブ風のパスタ30万8000
VND、右:アヒル肉の春巻17万8000VNDなど

プチ情報　タオディエン地区へはドンコイ通り周辺から車で20分。朝夕の時間帯は渋滞で30分以上かかることもある。
また、高級住宅地のため各スポット間の移動も時間がかかるのでタクシーなどを利用して効率よくまわろう。

クレイ・サイゴン
CLAY Saigon

別冊MAP P10B2

都会のオアシスで味わう炭火料理

ガスや電気を一切使わない炭火調理にこだわったアジア料理店。サイゴン川に面した店内の雰囲気はまるでリゾート。アジア料理を知り尽くしたフランス人シェフによる、旬の食材を巧みに使用した見目麗しい品々を、穏やかな時間が流れる空間で堪能したい。

DATA 交市民劇場から車で18分 住18 Đường Số 6, TP. Thủ Đức ☎090-7351010 時15〜24時 休月曜
□日本語スタッフ □日本語メニュー
☑英語スタッフ ☑英語メニュー ☑要予約

1.2022年8月にオープンしたばかり 2.牛の骨髄の味噌ソース焼き29万VND 3.ウォッカに梨とリンゴジュースを加えたザ・フォービドゥン・フルーツ18万8000VND

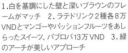

1.白を基調にした壁と深いブラウンのフレームがマッチ 2.ラテドリンク2種各8万VNDとマンゴーやパッションフルーツをあしらったスイーツ、パブロバ13万VND 3.緑のアーチが美しいアプローチ

ザ・ヴィンテージ・エンポリウム
The Vintage Emporium

別冊MAP P10A2

目にも楽しいメニューがズラリ

オーナー夫妻ゆかりのシドニーのカフェからヒントを得たメニューを提供。大きな邸宅を改装した店内は、友人宅のリビングに招かれたような心地よい空間となっている。契約農家から食材を仕入れるなど健康にも配慮していて、女性のリピーターが多い。

DATA 交市民劇場から車で17分 住1 Đường Số 39, TP. Thủ Đức ☎090-9410148 時8〜22時 休なし
□日本語スタッフ □日本語メニュー
☑英語スタッフ ☑英語メニュー □要予約

トロワ・グルマン
Trois Gourmands

別冊MAP P10B2

本格フレンチに舌鼓

口コミで評判が広がり、在住フランス人も足繁く通うフレンチの人気店。白亜の洋館で楽しめるのは、伝統の手法にアジアの素材も加えた南仏料理の数々。昼夜ともにプリフィクスのコースで5品US$60〜。

DATA 交市民劇場から車で17分 住39 Trần Ngọc Diện, Thảo Điền, TP. Thủ Đức ☎028-37444585 時11時30分〜14時、17時30分〜22時30分 休月曜
□日本語スタッフ □日本語メニュー
☑英語スタッフ ☑英語メニュー ☑要予約

1.内装はクラシカルだが、スタッフのサービスや雰囲気はカジュアルでフレンドリー 2.カニのタルタル(前菜)。カイワレ大根やパクチーも使用する 3.美しい緑の庭に立つ洋館

バリエーションが多いから好みに合わせて選べる

デザイン◎のハイセンスなプチプラベトナム雑貨

ハノイ近郊の村で作られるバッチャン焼をはじめ、ハノイの雑貨店には食卓を彩るアイテムがいっぱい。昔ながらの伝統模様から現代的なデザインまで、自分好みのアイテムを探して。

マグネット 4万VND〜
地ビールやオート3輪、バイクの金魚売りなど、街角にある人や物がモチーフ A

コースター 6万5000VND〜
ベトナム各地の風景や名物をイラストで切り取ったコースター。陶器製のものある A

クッションカバー 38万VND
イラストのほどよいゆるさも魅力 D

エコバッグ 19万5000VND
買い物が楽しくなる華やかなエコバッグ。かさばらないのでおみやげとしていくつか持ち帰りたい D

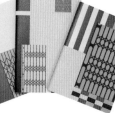

ミニノート 18万VND
街中で見かける民家の金属シャッターを表紙のデザインに。色・柄違いの3冊セット C

メッセージカード 9万VND
開くと蓮の花の切り絵が飛び出す3Dカード。アオザイ女性などさまざまなデザインがある A

A | 別冊 MAP P14B3
●ベンタイン市場周辺
アートブック
Artbook

センスあふれるイラスト雑貨が豊富

ベトナム関連の書棚の奥に、現地の風景や文化を描いたオリジナル雑貨が並ぶ。アート系書店らしく、センスあるイラストを多用した商品が多い。

- - - - - - - - - - - - - - -
DATA ⊗市民劇場から徒歩3分 ⊕26 Lê Lợi ☎028-36369026 ⊙9〜21時 ⊗なし
Ⓔ

B | 別冊 MAP P15C3
●ドンコイ通り周辺
サイゴン・キッチュ
Saigon Kitsch

キッチュでポップなカラフル雑貨

プロパガンダアートをモチーフにした極彩色の雑貨など、元気の出るカラフルなアイテムがメイン。キッチュでありながらセンスを感じる雑貨は、フランス人オーナーのデザイン。

- - - - - - - - - - - - - - -
DATA ⊗市民劇場から徒歩8分 ⊕43 Tôn Thất Thiệp ☎028-38218019 ⊙8〜22時 ⊗なし Ⓙ Ⓔ

まめちしき ホーチミン近郊の町ソンベーで作られるソンベー焼は、中国の福建省から17世紀ごろに伝えられたとされる。窯の大半が閉鎖されたため、現在は取り扱う店も少なくなっている。もろくて壊れやすいので、持ち帰る際はしっかり梱包を。

ノート 8万VND
ベトナムらしさが前面に出たノートは、写真やメモを書き込み旅の記録にするのもいい B

ポストカード
6万VND
ベトナムの土地神様や各地のマップなど、さまざまな絵柄・形のカードが充実。封筒付き C

巾着
14万VND〜
ロシアとベトナムの友好を描いたプロパガンダ。民族衣装のイラストがチャーミング B

マグネット B
3万VND
迷ってしまうほど多くの柄があるマグネット

ポストカード 20万VND
レトロモダンなイラストが目を引くポストカード。旅先の郵便局から送りたい C

カレンダー
65万VND
複数のアーティストがコラボ。科学技術と自然をテーマにした壁掛けカレンダー C

バッグ 47万VND
地方の民族衣装を鮮やかにプリント。同じ柄のクッションカバーもある B

マグカップ
15万5000VND
プロパガンダのほか、国旗や道路標識など約30種類のデザインが揃う D

コーヒーフィルター付きマグカップ
18万VND
ベトナムコーヒーのフィルターが一体化したマグカップ B

ポスター 15万5000VND
伝統工芸のドンホー版画に使われる手漉きの紙にベトナムの食事や風景をプリント A

C 別冊MAP P12B1　●3区
オーワオ
OHQUAO

ベトナム発のモダン雑貨が集結
イラストレーターとキュレーターの文房具好きカップルが手がけるセレクトショップ。次世代を担う100以上のベトナム発ブランド＆アーティストの文具・雑貨が揃う。
DATA　交市民劇場から車で8分　住58/12 Phạm Ngoc Thạch, Q.3　☎070-8337556　時9〜20時　休なし

D 別冊MAP P14B1　●ドンコイ通り周辺
プロパガンダ
Propaganda

プロパガンダアートのグッズをGET
カラフル＆キッチュなプロパガンダアートに包まれた、在住外国人にも人気のカフェ＆レストラン。伝統の味にアレンジを加えたベトナム料理が自慢で、オリジナルのイラストをプリントしたグッズも販売。
DATA　交市民劇場から徒歩10分　住21 Hàn Thuyên　☎028-38229048　時7時30分〜22時（土・日曜は〜22時30分）　休なし E

こだわりの逸品を持ち帰り!

乙女心くすぐる
ファッション&刺繍雑貨

ベトナムならではの繊細な手仕事を感じられる布アイテムや伝統工芸品は自分へのごほうびにぴったり。旅の思い出にもなる、お気に入りのアイテムを見つけにお店巡りを楽しもう!

オーダーメイド

1

2

3

| タオディエン地区 | 別冊MAP P10B2 |

フレーム・ツリー・バイ・ザッカ
Flame Tree by Zakka

確かな技術を感じる安心オーダーメイド

旅行者や在住者に長年愛されてきた有名店が2021年に移転。手作業でプリントしたオリジナル柄や全面に手刺繍を施した生地を多数取り揃え、ここでしか作れないこだわりの一着が手に入る。オーダーは特急仕上げで1～3日を要する。

1.チュニック786万VND。インドネシアの手描きのろうけつ染めが華やか。ジーンズとも合いそう　2.子ども用ワンピース163万2000VND。木版型押しのコットン生地でやさしい肌ざわり。おみやげにも◎　3.トップス187万2000VND。ハンドプリントで仕上げたとうがらし柄が新鮮。落ち着いた色合いなので幅広く活用できる

> **DATA**
> 交 市民劇場から車で20分　住 14 Trần Ngọc Diễn, TP. Thủ Đức　☎ 070-3134714　時 10～16時　休 なし ⓙⓔ

・オーダーメイド工程

1.デザイン&生地を選ぶ

店内に並ぶサンプルを参考に、好みのスタイルを選択。試着して袖や裾の丈、シルエットを確認。生地は木版で型押ししたものなど、目移りする品揃え。布の持ち込みや刺繍などの装飾の追加もできる。

2.採寸

約10カ所をスタッフが採寸。裾丈や各所のゆとり具合など、希望があれば採寸時に伝えよう。

3.仮縫い確認

フィッティングは通常翌日以降。裾やウエストのツメ加減を確認し微調整。その後本縫いし、翌日に完成。旅行初日にオーダーするのがコツ。

  プチ情報　「リベ」があるのはリートゥチョン26番地のリノベ古アパート。リートゥチョン通り側、入口のギャラリーのあるアーケードが印象的。おしゃれなカフェやショップが入る。

タオディ エン地区	別冊 MAP P10A2

ハナ・ベトナム
Hana Vietnam

アレンジが楽しい個性派バッグをゲット

大通りから1本入った住宅地にある、プラ籠&藤籠バッグ専門店。モダンな編みとフォルム、カラーバリエーションも豊富な商品が並ぶ。洗えるバッグインバッグ(5万VND〜)もあり、使い勝手もいい。

DATA 交 市民劇場から車で16分
住 47/3 Quốc Hương, TP. Thủ Đức
☎ 090-8011836　時 10〜17時　休
日曜 J E

1.持ち手にスカーフを巻いたプラ籠バッグ55万VND(左)、縦長の藤籠30万VND(右)　2.シンプルでキレイな色のバッグ55万VND

バッグ

ファッション

※商品は参考
1.天井が高く明るい店内で、お気に入りをゆっくり選びたい　2.3.季節に合わせたファッションアイテムがズラリと並ぶ。お気に入りのものを見つけてみて

ドンコイ 通り周辺	別冊 MAP P14B2

リベ
LIBÉ

シンプルな配色で人気

地元の20〜30代女性を中心に注目を集めるブランド。ゆったりしたデザインとシンプルな配色が人気で、スマートカジュアルにも対応するアイテムが揃う。バッグや小物なども、要チェック。

DATA 交 市民劇場から徒歩4分
住 26 Lý Tự Trọng　☎ 028-38231989　時 9時30分〜21時30分　休 なし E

1区 北部	別冊 MAP P14B2

カトリーヌ・ドゥヌアル・メゾン
Catherine Denoual Maison

刺繍雑貨

上質リネンで暮らしを豊かに

1998年の開店以来、フランス人オーナーがデザインする質の高いリネン&刺繍製品を提供し続ける。肌ざわりのよい高級布に繊細な刺繍をあしらった品々はどれもエレガントな雰囲気。日常に華やかな彩りを添えてくれる。

DATA 交 市民劇場から徒歩5分
住 38 Lý Tự Trọng　☎ 028-38239394　時 9〜21時　休 なし
E J

1.ピロー&アイマスクセット217万5000VND。頭や顔をやさしく包む上海シルクの枕セット。ミニポーチが付属し旅行時にも便利　2.刺繍ポーチ80万VND〜。淡い色合いと緻密な刺繍でオンオフ問わず使える。10万針のステッチを施したものも　3.ハンカチ1枚24万5000VND〜。ナプキン36万VND〜

雑貨に食品、なんでもござれ！

ベンタイン市場で
半日ゆっくりお買い物

安くてカワイイ雑貨が欲しいなら、このホーチミン最大のマーケットへ。
場内にあふれるモノと人、そして熱気に包まれて、掘り出し物を探すのが醍醐味！

1-3.5.6.さまざまな商品がぎっしり。色鮮やかな布地店では仕立てもOK。日本語や英語を話す店員も多く、呼び込み合戦も！　購入時は値段や品質をよく確かめて 4.南門の上にそびえる時計塔が目印　7.フルーツ売り場ではジャックフルーツやドリアンなどがパック詰めで売られている

ベンタイン市場周辺　別冊MAP P14B4

ベンタイン市場
Chợ Bến Thành

街のランドマーク的存在

ホーチミン市のほぼ中央に位置し、約1万㎡もの敷地に大小2000軒以上のショップが集まる。雑貨やファッション、加工食品など観光客向けのおみやげから、地元の人が買う生鮮食品やフルーツまで、あらゆるものが勢揃い。午後になるほど暑さが増し、人出も多くなるので午前中がおすすめ。

DATA
交 市民劇場から徒歩10分　住 Lê Lợi
電 店により異なる　時 6〜18時ごろ（店により異なる）　休 なし

服装と持ち物

場内は冷房がないので涼しい服装で。市場内外はスリが多いのでバッグは斜め掛けにし、履きなれた靴がベスト。場内で買えるフルーツジュース2万5000VNDなどでこまめに水分補給を。

値段交渉

金額は交渉次第の店がほとんど。言い値の1/3〜1/2程度から交渉を。まとめて買うと安くしてくれることも多い。店頭や店内に「Fix Price(定価)」と掲げられている店は値切れないので注意。

まわり方

店はだいたいジャンルごとに碁盤の目のように並んでいて、1店ずつ店番号が付いているので、歩く際の目安に。また、トイレは有料（1回3000VND）。紙はトイレ入口で使う量だけ自分で取る。

プチ情報　正面入口前にはタクシーやバイクタクシーの客引きがたむろしている。メーター付きの Vinasun（ビナサン）か MaiLinh（マイ・リン）以外のタクシーや、しつこく客引きしているタクシーは乗らないほうがよい。

雑貨

食品

1. シューズ柄のポーチ16万VND。ビーズ飾りもキュート　2. 刺繍入り巾着は5万VND前後。さまざまな柄、サイズがある　3. ココナッツの殻で作られたボウルと小皿。1個7万VND

4. ココナッツミルクなどの量り売りキャンディ2万VND（100g）　5. ベトナムコーヒー8万5000VND〜、フィルター3万VND〜　6. 量り売りの蓮茶15万VND（100g）

↑場内中央にはフードコートがあり、フォーや生春巻などのベトナム料理が勢揃い。ひと休みには冷たい小豆のチェー2万5000VND〜などを

↑サンダルのセミオーダーメイドは市場名物。甲部分とソールを選ぶと、その場で打ちつけてくれ、すぐ完成！

```
            N
      北口（レタントン通り）
  ┌────────────────────────────┐
  トイレ  生鮮食品      生鮮食品  トイレ
        加工食品      米・乾物
        みやげ物 フード  果物・野菜
             コート          ファッション
        雑貨・民芸品   コーヒー・お茶・
西口                乾物・菓子        東口
        サンダル・    化粧品・バッグ・
        バッグ・革製品 キッチン用品
        布地・ファッション・布地・ファッション・
        刺繍小物      刺繍小物
  └────────────────────────────┘
          正面入口
        （レロイ通り）
```

↑Tシャツやジーンズ、アオザイ生地の専門店などがひしめく布・衣類エリア

サンダル＆バッグ

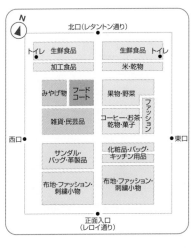

ファッション

7. サンダル45万VND。木のヒールに凝った花模様入り！　8. 螺鈿風の模様がゴージャスなサンダル40万VND　9. 籐の籠バッグ65万VND。オリエンタルな中布がアクセント　10. 籐の持ち手を合わせたハンドバッグ30万VND

11. 花モチーフやパール風など種類豊富なヘアピンは各5万VND　12. 花をあしらった小粋な帽子35万VND　13. 耳元で揺れるシャンデリア・ピアス23万VND　14. 胸元でスパンコールやビーズが輝くワンピース40万VND

バラマキみやげの決定版

スーパーマーケットで
おみやげまとめ買い

ベトナム料理に欠かせない食材からスナック菓子まで、スーパーマーケットは
手頃なおみやげの宝庫。旅の締めくくりにぜひ立ち寄ってみて。

乾麺＆インスタント食品

米粉麺の乾麺各種
2万2000VNDほか
左から平打ちのフォーと細
麺のブン。春雨やタピオカ
麺もあるので食べ比べたい

フォーのスープの素
1万7200VND～
お湯に入れるだけで簡単に
できる、フォーのスープ

インスタントのフォー
各1万200VND
ベトナムの国民的麺料理を気
軽に日本で楽しめる。牛肉味
と鶏肉味の2種類が定番

ライスペーパー
1万6000VND～
生春巻や揚げ春巻に。ゴマ
入りなどのタイプもある

**ココナッツ
ミルクパウダー**
1万8000VND
水で溶かし火にかけるとコ
コナッツミルクに。缶よりも
持ち帰りが楽

えびせんべい
6500VND
油で揚げるとサクサクのス
ナックに。サラダの上にのせ
て食べるのがベトナム流

バイン・セオの素
2万6500VND
ターメリックやタピオカ粉が
入った米粉で、ベトナム風お
好み焼が作れる

日用品＆コスメ

洗顔料
2万9000VND
抗菌作用のあるウコンと抗炎症
作用の菊花エキスを配合。ニキ
ビやあざを防いでくれる

シャンプー
4万8000VND
黒髪を美しくしてくれる木の実・
ボーケットを使用

マスク
1万1900VND～
香り豊かなマスクは
ココア入り泥マスク
やヨーグルト＆キウ
イのクリームマスク
なども

プチ
情報
市内に点在する24時間営業のコンビニも利用価値大。代表的な店はサークルK（Circle K）。ファミリーマート（Family
Mart）やミニストップ（Ministop）、セブンイレブン（Seven-Eleven）も近年増えている。

こちらも Check！

庶民に親しまれる大型スーパー

3区　別冊MAP P12B2

コープ・マート
Co-op Mart

中心地から少し離れるが、現地の人が日常的に利用するスーパー。店内には食料品から日用雑貨まであらゆるものが揃う。

DATA 交市民劇場から車で5分　住168 Nguyễn Đinh Chiểu Q.3　☎028-3930 1384　時7時30分〜22時　休なし　E

菓子＆ドリンク

調味料

ココナッツキャンディ
2万1600VND
ココナッツの特産地・ベンチェーで作られた濃厚なキャンディ

蓮茶
3万5700VND
ティーバッグタイプで、バラマキにぴったり

ドライフルーツ
3万7500VND〜
完熟のマンゴーやバナナのうま味と甘みが凝縮。しっとりとしたソフトドライのものが人気

シーズニング
4200VNDほか
ミックススパイスの五香粉やベトナム版ビーフシチューの素。使いやすい小袋タイプ

ライムの葉入り塩こしょう
1万3100VND
ベライム風味の塩こしょう。シーフードや鶏肉料理と相性がよく素材の味を引き立てる

黒こしょう
9万5000VND
実はこしょうはベトナムの特産品。ミル付きなのでいつでも挽きたて

ブルーキャップ
1万4900VND
ベトナムに工場をもつサッポロのベトナム限定ビール

にんにく＆とうがらし入りヌックチャム
3万9300VND
ヌックマムベースの香り高いつけダレ。野菜から肉料理まで何にでも合う

ココナッツジュース
1万4000VND
メコンデルタのベンチェー産ココナッツを使用。疲れた体に染み渡るやさしい甘みが特徴

コーヒー・ビーンズ・チョコ
16万VND
焙煎したコーヒー豆をチョコでコーティング

チリソース
1万1800VND
現地の食堂や屋台にも置かれる定番商品。にんにくの風味がつけられており辛さ控えめ

ドンコイ通り周辺　別冊MAP P15C2

ウィンマート
WinMart

インスタントのベトナムコーヒー
2万8000VND
ベトナムの大手ブランド、チュン・グエンのブラックコーヒー

最終日のおみやげまとめ買いはココ

ショッピングモール「ヴィンコムセンター」地下にあるスーパーマーケット。中心街の各ホテルから徒歩で行けるので便利。特産品を集めたコーナーもある。

DATA 交市民劇場から徒歩3分 住B3F, Vincom Center, 72 Lê Thánh Tôn ☎0247-1066866　時8〜22時　休なし　E

身も心もゆだねて正解です

極上スパ&マッサージで癒やしの時間を

憧れの高級スパや、気軽に立ち寄れるマッサージ店などで旅の疲れを癒やしたい。
身も心も回復したら、お手軽ネイルサロンで爪先までキレイになろう。

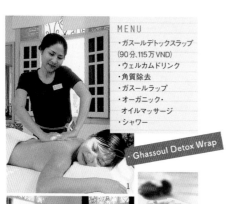

MENU
・ガスールデトックスラップ
（90分、115万VND）
・ウェルカムドリンク
・角質除去
・ガスールラップ
・オーガニック・
　オイルマッサージ
・シャワー

Ghassoul Detox Wrap

Four Hands Massage

MENU
・フォーハンズ・マッサ
　ージ（154万VND〜）
・フォーハンズ・マッサージ
・サウナ
・ジャクジー
・コーヒー、お茶、水の
　フリーサービス

3区 別冊 MAP P12A2

1.美肌に加えスリミングの効果も
ある　2.歴史ある洋館で施術を
3.4種のシーソルトから選ぶボディ
スクラブ（70万VND）も

1区北部 別冊 MAP P13D2

1.4本の手がシンクロする
2.専用ジャクジー付きVIPル
ームはメニュー料金＋50％
3.ローズやラベンダーなど4
種類のオイルが揃う

ラ・メゾン・ド・ラポティケア
La maison de L'Apothiquaire

フランス伝統のハーブ療法で美肌に

瀟洒な白亜のヴィラでトリートメントを受けられ
る。来店時に行われる肌チェックにより、肌質に
合ったトリートメントを提案。特に泥を使ったガス
ールラップは日本人にも人気がある。植物の成分
を配合したオリジナルコスメは購入も可能。

セン・スパ
Sen Spa

中心部の便利な立地

ドンコイ通りからほど近い日本人街にあり、食事
やショッピング途中に気軽に立ち寄れる。各種ボ
ディマッサージは20分のジャクジー・サウナ付き。
セラピストは指圧の指導も受けており、少し強め
のマッサージが好きな人にもおすすめ。

```
DATA ⊗市民劇場から車で15分　⊕64A Trương
Định ☎028-39325181　時9〜21時（最終入店18時）
休なし　※サービス税10%別途
☑日本語スタッフ　☑日本語メニュー
☑英語スタッフ　☑英語メニュー　☑要予約
```

```
DATA ⊗市民劇場から徒歩4分　⊕10B1 Lê Thánh Tôn
☎028-39102174　時9時30分〜21時（最終入店20
時）　休なし　※サービス税5%とVAT10%別途
☑日本語スタッフ　☑日本語メニュー
☑英語スタッフ　☑英語メニュー　※予約がおすすめ
```

プチ
情報　スパ好き女子が集う極上スパはどこも人気。待たなくてよいように、電話やWebサイトで予約してから訪れよう。

高級スパの基礎知識

持ち物

トリートメントはメイクを落として行うのが基本。店にメイク落としもあるが、ノーメイクまたは自分のコスメを持参するのが無難。

チップ

高級スパは別途サービス税が加算されるのでチップ込みの店が大半だが、チップを渡したいときはレセプションでお会計と一緒に。

無料送迎を利用

トリートメントを受けると1区や3区の中心街からなら、車での送迎が付く場合も。予約のときに聞いてみよう。

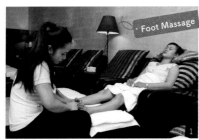

1 · Foot Massage

MENU
・フットマッサージ
Foot Massage
（35万VND）

3
2

ドンコイ通り周辺 ／ 別冊 MAP P15C3

1.マッサージ中に眠ってしまう人も多い　2.周りにはおしゃれなショップが並ぶ　3.比較的空いている昼間が狙い目

健之家
Kien Chi Gia

在住外国人御用達の人気サロン

腕に自信アリの香港式足裏マッサージ店。在住外国人も足繁く通い、的確なツボ押しで施術後は体が軽くなったのを感じられるはず。香港にも系列店がある本格派で、メニューは70分のフットマッサージのみ。

DATA　⊗市民劇場から徒歩8分　㊤44 Tôn Thất Thiệp　☎090-3316733　⏰10時30分〜24時（最終受付22時30分）　㊡なし
□日本語スタッフ　☑日本語メニュー
☑英語スタッフ　☑英語メニュー　☑要予約

1

MENU
・ベーシック・マニキュア・ジェル＋ペディキュア・ジェル・コンボ
Basic Manicure Gel +
Pedicure Gel Combo
（70分、30万VND）

Basic Manicure Gel +
Pedicure Gel Combo

2

1区北部 ／ 別冊 MAP P11C1

1.ジェルネイルとペディキュアジェルのお得なセット。モードからポップまでデザインも豊富　2.大人な雰囲気のトリートメントスペース

トップ・ネイル
Top Nail

緻密なネイルアートが魅力

アットホームな雰囲気のなか、お手頃料金で良質のジェルネイル24万VND〜が受けられる。オーナーは韓国人メイクアップアーティストで、緻密でいて明るく華やかなネイルアートも評判。

DATA　⊗市民劇場から車で12分　㊤14B Võ Thị Sáu　☎079-2428191　⏰9時45分〜19時　㊡なし
□日本語スタッフ　□日本語メニュー　☑英語スタッフ　☑英語メニュー

みどころ、グルメ……。まだまだあります！

ホーチミンで行きたい
注目スポット総ざらい

ベトナム随一の賑わいを誇る大都市ホーチミンには、訪れたい場所が数えきれないほど。
特に気になるみどころやグルメ＆ショッピングスポットをピックアップ！

●ドンコイ通り周辺

別冊 MAP P15C4

サイゴン・スカイデッキ
Saigon Skydeck

ホーチミンで一番高い展望台

高層ビルの49階、地上178mにある展望台。360度にわたってホーチミン市街の眺望が楽しめる。展望フロアにはショップがあり、ビルをモチーフにしたオリジナルグッズや厳選されたおみやげ品が購入できる。

DATA ⊗市民劇場から徒歩15分 ⊕36 Hồ Tùng Mậu ☎028-39156156 ⊕9時30分〜20時45分 ⊛なし ⊕24万VND（子供4〜12歳16万VND、3歳未満無料）E

ビルは蓮のつぼみをイメージしてデザイン

日没直前から夜景が楽しめる

●チョロン

別冊 MAP P10A4

ビンタイ市場
Chợ Bình Tây

ローカル色満点の市場

ホーチミンで2番目の規模を誇る。あらゆる生活用品が揃っているが、卸問屋が多いので、小売りが可能かは購入時に確認すること。

DATA ⊗市民劇場から車で30分 ⊕57A Tháp Mười ☎店により異なる ⊕6〜19時ごろ ⊛なし

ローカルなムードたっぷり

●1区北部

別冊 MAP P12B3

ロン・ヴァン水上人形劇場
Nhà Hát Múa Rối Nước Rồng Vàng

北部の伝統芸能をホーチミンで

生演奏の伝統音楽や民謡にのせて、水上で繰り広げられる人形劇。人形たちの動きがほほえましい。

DATA ⊗市民劇場から車で10分 ⊕55B Nguyễn Thị Minh Khai ☎028-39302196 ⊕火・木・土・日曜18時30分〜（1日1回公演、所要約45分） ⊛月・水・金曜 ⊕30万VND

ストーリーはシンプル

●1区北部

別冊 MAP P14A2

統一会堂
Dinh Thống Nhất

旧南ベトナム大統領官邸

戦争時の司令室などが当時のまま残る。

DATA ⊗市民劇場から徒歩15分 ⊕135 Nam Kỳ Khởi Nghĩa ☎028-38223652 ⊕8時〜16時30分（チケット販売・入場は1時間前まで） ⊛なし ⊕4万VND E

地下基地跡も見学可能

●1区北部

別冊 MAP P13D1

ホーチミン市歴史博物館
Bảo Tàng Lịch Sử Thành Phố Hồ Chí Minh

ベトナム古代文明を知る

先史時代から現代に至るまで、ベトナムの歴史・文化・民族・信仰などに関する資料を展示。入館料は3万VND。

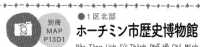

DATA ⊗市民劇場から徒歩9分 ⊕2 Nguyễn Bỉnh Khiêm ☎028-38298146 ⊕8時〜11時30分、13〜17時 ⊛月曜 E

1956〜79年の間、サイゴン市ベトナム国立博物館としても使われた

プチ情報 「ル・ジャルダン」では本格的フランス料理も楽しめる。自家製テリーヌやパテなどのほか、鴨のコンフィ19万VND、ステーキ・フリット17万VND〜などがおすすめ。ディナーは予約がベター。

ここも Check! 全国の地ビールが圧巻の品揃え

タオディエン地区 | 別冊MAP P10A2

ビア・クラフト
Bia Craft

ベトナム発のクラフトビールにこだわり、生ビールから瓶・缶ビールまで、約150種を取り揃えるビアホール。季節ごとに銘柄が変わるので、いつ訪れても新しい味に出合える。

DATA 交市民劇場から車で17分 住90 Xuân Thủy, TP. Thủ Đức ☎028-37442588 時11〜23時 休なし J E

1. カウンターの奥には30ものタップが並ぶ　2. 選べる4種お試しセット18万6000VND。値段は銘柄により変わる

別冊MAP P14B3 ●ドンコイ通り

レ・ハン
Le Hang

きらきら光る手作りアクセサリー

スワロフスキー・クリスタルを使ったハンドメイドアクセサリーの専門店。色違いなどのオーダーメイドも受け付けてくれる。

エスニックなデザインのピアス 36万 VND

DATA 交市民劇場から徒歩7分 住101 Lê Thánh Tôn ☎028-38273596 時9〜22時 休なし J E

別冊MAP P14B3 ●ドンコイ通り周辺

メゾン・ド・ブンガ
Maison de Bunga

オリジナルの柄ものが魅力

日本人オーナーが手がける個性の光る服や雑貨が揃う。希少な布も取り入れた少量生産なので気に入ったら即決!

普段使いにちょうどよいポーチ 60万 VND

DATA 交市民劇場から徒歩4分 住81 Pasteur ☎028-38230087 時10時30分〜17時30分 休月曜 J E

別冊MAP P15D1 ●1区北部

ハッパーズ
Happer's

プラ籠バッグが勢揃い

市内屈指の品揃えを誇るプラ籠バッグの専門店。小ぶりなポーチからインテリア用まで種類豊富で、自店製造のためオーダーも可能。

内布は取り外して丸洗い可能。45万 VND

DATA 交市民劇場から徒歩12分 住15A/40 Lê Thánh Tôn ☎028-36020264 時10〜18時 休なし J E

別冊MAP P15C3 ●ドンコイ通り周辺

ナウナウ
NauNau

見た目もかわいいナチュラルコスメ

ベトナム産のココナッツやアボカドなどを使った自然派コスメが若者に人気。パッケージもかわいいのでおみやげにもおすすめ。

人気のリップバーム色なし9万VND、色付き12万VND

DATA 交市民劇場から徒歩5分 住42 Nguyễn Huệ 5F ☎093-8946681 時9〜21時 休なし E

別冊MAP P14B2 ●ドンコイ通り周辺

ニャー・ハン・ゴーン
Nhà Hàng Ngon

開放的な屋台風レストラン

古いヴィラを改装した店内に全国の人気屋台が集結。各地の伝統料理200種類以上をまとめて楽しめる大型レストラン。

DATA 交市民劇場から徒歩7分 住160 Pasteur ☎028-38277131 時7〜22時 休なし E E ※要予約

人気メニューのカニのすり身入り米粉麺ブン・リエウ10万VND

別冊MAP P15C1 ●1区北部

ル・ジャルダン
Le Jardin

フランス気分を満喫

フランス文化交流会館の中庭にあるレストラン。スイーツから軽食まで本場スタイルのメニューが楽しめる。

DATA 交市民劇場から徒歩6分 住31 Thái Văn Lung ☎028-38258465 時11時30分〜14時30分、18時〜21時30分 休なし E E

アヒル肉のオレンジソース20万VNDなど

お手頃価格で高級ステイ

コロニアルからお手軽まで
ホーチミン市の人気ホテル

日本より物価の安いベトナムでは、高級ホテルも手頃な料金設定。
歴史あるコロニアルスタイルから近代的な大型ホテルまで、選択肢も幅広い。

ドンコイ通り | 別冊MAP P15D4

マジェスティック・サイゴン
Hotel Majestic Saigon

格調高い老舗ホテル

1925年開業の歴史あるコロニアルホテル。円柱やステンドグラス、シャンデリアに彩られたロビーをはじめ、館内にはエレガントな空間が広がる。ベトナム戦争時には、各国のジャーナリストが逗留したことでも有名。

DATA 交市民劇場から徒歩8分 住1 Đồng Khởi ☎028-38295517 料コロニアル・デラックス330万VND〜 175室 J E R P F

1. サイゴン川を望むように立つ 2. 関口健が滞在したコロニアル・サイゴンリバー・デラックス 3. アール・デコ調のらせん階段 4. ロビーの装飾

ドンコイ通り周辺 | 別冊MAP P15C2

パーク・ハイアット・サイゴン
Park Hyatt Saigon

コロニアルとモダンを融合

地元アーティストによる絵画や古い写真に彩られた館内は、優美なコロニアル調。新鮮な食材を使ったベトナム＆西洋料理の「スクエアワン」や「スアン・スパ」など施設も充実。

DATA 交市民劇場から徒歩すぐ 住2 Lam Sơn Sq. ☎028-38241234 料パークツイン770万VND〜 245室 E R P F

1. ヤシの木の緑が映える白亜の建物 2. エグゼクティブ・スイート

ドンコイ通り | 別冊MAP P15C3

ザ・レヴェリー・サイゴン
The Reverie Saigon

空間、サービスともに市内随一

全室デラックスルーム以上、異世界に飛び込んだかのような豪華な内装が目を見張るラグジュアリーホテル。ビルの高層階にあるため客室からの見晴らしも抜群だ。

DATA 交市民劇場から徒歩7分 住22-36 Nguyễn Huệ & 57-69F Đồng Khởi ☎028-38236688 料デラックスルーム 860万VND〜 286室 J E R P F

1. 43㎡の広々としたデラックスルーム 2. シャンデリアや家具、どれも絢爛豪華

プチ情報 [マークの凡例] J 日本語OK、 E 英語OK、 R レストラン、 P プール、 F フィットネスジム

リバティ・セントラル・サイゴン・リバーサイド
Liberty Central Saigon Riverside

ドンコイ通り周辺 / 別冊MAP P15D3

人気のリバーサイドエリア

サイゴン川沿いにたたずむ25階建ての4ツ星ホテル。川沿いならではの静かな空間と見事な眺望、ドンコイ通りまで徒歩2分のアクセスも高ポイント。

DATA ㊤市民市場から徒歩8分　㊟17 Tôn Đức Thắng　☎028-38271717　㊙デラックスルーム 180万VND～

Ｅ Ｒ Ｐ Ｆ

インターコンチネンタル・サイゴン
InterContinental Saigon

1区北部 / 別冊MAP P13C2

機能的な5ツ星ホテル

中央郵便局のすぐそばに立つ。最新設備を備えた客室には、障害者支援団体から購入したベッドリネンを使用。中国料理店やスパも人気が高い。

DATA ㊤市民劇場から徒歩10分　㊟Cnr. Hai Bà Trưng & Lê Duẩn　☎028-35209999　㊙要問合せ Ｅ Ｒ Ｐ Ｆ

ニッコー・サイゴン
Hotel Nikko Saigon

1区 / 別冊MAP P12A4

日系ホテルならではのおもてなし

全客室40㎡～と市内屈指の広さを誇る。日本人スタッフが常駐し、行き届いたサービスに定評がある。4軒のレストラン、スパやプールも完備。

DATA ㊤市民劇場から車で15分　㊟235 Nguyễn Văn Cừ　☎028-39257777　㊙デラックスルーム US$300～ 334室

Ｊ Ｅ Ｒ Ｐ Ｆ

カラベル・サイゴン
Caravelle Saigon

ドンコイ通り / 別冊MAP P15C2

美しい夜景が自慢

市民劇場隣に立つ24階建てホテル。シティビュー・ルームからは中心部の夜景も楽しめる。大理石のロビーは高級感たっぷり。

DATA ㊤市民劇場から徒歩すぐ　㊟19-23 Lam Sơn Sq.　☎028-38234999　㊙デラックス・シティビュー US$205～ 327室 Ｅ Ｒ Ｐ Ｆ

ロッテ・レジェンド・ホテル・サイゴン
Lotte Legend Hotel Saigon

ドンコイ通り周辺 / 別冊MAP P15D1

サイゴン川沿いに立つ日系ホテル。本格和食が味わえる「吉野」をはじめ、レストランのレベルも高い。
DATA ㊤市民劇場から徒歩10分　㊟2A-4A Tôn Đức Thắng　☎028-38233333　㊙要問合せ　283室 Ｊ Ｅ

Ｒ Ｐ Ｆ

ソフィテル・サイゴン・プラザ
Sofitel Saigon Plaza

1区北部 / 別冊MAP P13C1

欧米人に好まれる洗練された豪華ホテル。専用ラウンジが利用できるクラブ・ルームが人気。2つのレストランもある。
DATA ㊤市民劇場から徒歩15分　㊟17 Lê Duẩn　☎028-38241555　㊙スーペリア534万VND～、ラグジュアリー575万VND～ 286室

グランド・サイゴン
Hotel Grand Saigon

ドンコイ通り / 別冊MAP P15D3

1930年創業の老舗。歴史をとどめるエンシャント・ウイング（旧館）と2012年完成のラグジュアリー・ウイングがある。
DATA ㊤市民劇場から徒歩6分　㊟8 Đồng Khởi　☎028-39155555　㊙ラグジュアリー・ウイング・デラックス US$110～ 250室 Ｅ Ｒ Ｐ Ｆ

コンチネンタル・サイゴン
Hotel Continental Saigon

ドンコイ通り / 別冊MAP P15C2

1880年創業でベトナムで最も歴史あるホテル。創業時の写真や家具を利用した館内はクラシカルなムードが漂う。
DATA ㊤市民劇場から徒歩すぐ　㊟132-134 Đồng Khởi　☎028-38299201　㊙スーペリア US$100～ 87室

Ｅ Ｒ Ｆ

シェラトン・サイゴン・ホテル＆タワーズ
Sheraton Saigon Hotel & Towers

ドンコイ通り / 別冊MAP P15C2

ホーチミン屈指の高級ホテル。全室に3種類の枕が置かれ、アメニティはすべてシェラトンオリジナル。
DATA ㊤市民劇場から徒歩2分　㊟88 Đồng Khởi　☎028-38272828　㊙プレミア・デラックス350万VND～ 485室 Ｅ Ｒ Ｐ Ｆ

エクアトリアル
Hotel Equatorial

5区 / 別冊MAP P12A4

市街中心部とチョロン地区の中間に位置する。館内にはシーフードの名店「オリエンティカ」やスパがある。
DATA ㊤市民劇場から車で16分　㊟242 Trần Bình Trọng　☎028-38397777　㊙デラックスルーム 202万6000VND～ 333室 Ｅ Ｒ Ｐ Ｆ

ホーチミンからひと足延ばして1 Day Tour①

メコン川クルーズと 河口の街、ミトー観光

全長約4000kmのメコン川一帯の自然を体験するならオプショナルツアーが一番。
ツアーの拠点となるのは河口に開けたメコンデルタの港町ミトー。クルーズにいざ出発！

1. 島民の移動手段にも使われる手漕ぎボートでジャングル・クルーズに出発！　2. 蜂蜜工場では蜂蜜入り蓮茶でひと休み
3. タイソン島の船着き場には布製品などおみやげの露店が並ぶ
4. クルーズ後は名物エレファント・フィッシュなどのランチも
5. ミトー周辺は南国フルーツの産地としても有名。試食もできる

悠久の大河メコン川と ミトー1日観光

Mỹ Tho, Sông Mê Kông　別冊 MAP ● P11D4

メコンデルタをたっぷり1日楽しむツアー
ホーチミンの約75km南西にある街ミトー。ここではメコンデルタの肥沃な大地に生い茂る熱帯ジャングルと住人の素朴な暮らしぶりを体感できる。ツアーでは、まず大河の中州にあるタイソン島に渡り、名物の蜂蜜やココナッツキャンディの工房を見学。その後、ハイライトのメコン川ジャングル・クルーズへ。ニッパヤシのトンネルを小舟で進めば、野性味たっぷりの風景を堪能できる。

・タイムスケジュール

8:30	ホーチミン市内を出発
10:30	ミトー到着、モーターボートでタイソン島へ移動
11:00	タイソン島を散策・果樹園見学とフルーツ試食
11:45	手漕ぎボートに乗ってジャングル・クルーズへ
12:00	モーターボートに乗り換えて船着き場へ移動
12:30	ミトー名物料理のランチ
15:30	ホーチミン市内のホテル帰着

ココナッツキャンディの製造やココナッツを使った工芸品作りを見学

※スケジュールは目安です。交通事情などにより変更の場合もあります。

DATA
[出発・所要時間] 8時30分ごろ（約7時間、昼食付）
[開催日] 毎日　[料金] US$85（2名〜）　[問合せ・申込先] JTBベトナム　マイバスデスク（→P133）

ツアーまめちしき
●観光客が多数訪れるので、スリには注意！
●名産品は安価で買える場合もあるが、物価はホーチミンと同等
●クルーズ中は水しぶきがかかることもあるので、濡れてもいいカジュアルな服装で

 時間を有効に使いたいという人には、上記2つの人気観光スポットを1日で訪れる「クチ地下トンネルとミトー1日観光」がおすすめ。[出発・所要時間] 7時30分ごろ（約10時間、昼食付）　[開催日] 毎日　[料金] US$115（2名〜）　[問合せ・申込先] JTBベトナム　マイバスデスク（→P133）

ホーチミンからひと足延ばして1 Day Tour②
ベトナム戦跡クチで
トンネル潜入体験

ベトナム戦争時、南ベトナム解放軍(ベトコン)の作戦本部が置かれていたクチ。ホーチミンから送迎付きのツアーなら、効率よく見学できる。

クチの地下トンネル観光

Cù Chi 別冊MAP ● P11D3

リアル体験からベトナム戦争を学ぶ

ホーチミンの北西約70km、ベトナム戦争時に作戦本部が置かれていたクチ。250mにも及ぶ当地の地下トンネルは、一部が解放されている。一般公開されている地下トンネルを訪れるツアーでは、アメリカ軍を待ち伏せした穴にもぐったり、狭いトンネル内を実際に歩いたりと戦争時の人々の暮らしを体験できる。

DATA
[出発・所要時間]8時ごろ(約4時間30分) [開催日]毎日 [料金]US$60(2名〜) [問合せ・申込先]JTBベトナム マイバスデスク(→P133)

● タイムスケジュール

8:00	ホーチミン市内を出発
9:30	クチ到着
9:45	レンジャーの案内で施設へ
10:10	トンネル内部に潜入
10:15	戦時食を試食
	└ 主食だったタロイモを塩、砂糖、ピーナッツを混ぜた調味料につけて試食
12:30	ホーチミン市内のホテル帰着

※スケジュールは目安です。交通事情などにより変更の場合もあります。

> 約10分のビデオ(日本語)でベトナム戦争の概要を学び、トンネルの模型で全容を知る

> 解放軍の炊事場や身を隠す穴、実際に使われていた戦車や罠を解説付きで見学

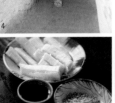

ベトナム戦争基礎知識

ベトナムの南北統一を巡り、1975年4月30日まで十数年にわたった戦争。犠牲者はベトナム人だけでも200万人以上、枯葉剤の後遺症は現在も残るという。当時、南ベトナムを支援していたアメリカ軍に脅威を与えたのがクチ・トンネル。重要な軍事拠点として機能した。

1.2.地下トンネルの入口は人ひとりがやっと入れる大きさ。巧妙に作られた罠や炊事場なども見学 3.見学前に戦争の概要をビデオで学ぶ 4.体の大きなアメリカ人の潜入を防ぐため、狭いトンネルが掘られた 5.トンネルを抜けた後は、戦時食の試食体験も 6.森の中に置かれた戦車の前で記念撮影

column

濃厚な味とかぐわしき香りの競演

ベトナムコーヒーの楽しみ方

ベトナムはブラジルに次ぐ、世界第2のコーヒーの産地。街のいたるところに点在する有名チェーンやカフェ、さらには路上屋台など、コーヒーはとっても身近な存在。

コーヒーの種類

ミルク入り、ミルクなしのコーヒーは、それぞれホットとアイスがあり、大きく分けて4種類。

カフェダー
Cà Phê Đá

砂糖入りのブラックアイスコーヒー。砂糖なしは「コン・ドゥーン」と付け加えよう。

カフェスアダー
Cà Phê Sữa Đá

ミルクの代わりに練乳がたっぷり入ったアイスミルクコーヒー。驚くほど濃厚な甘さ。

カフェノン
Cà Phê Nóng

アルミフィルターで淹れるホットコーヒー。氷を入れない分、苦みはかなり強い。

カフェスアノン
Cà Phê Sữa Nóng

練乳入りのホットミルクコーヒー。温かいコーヒー牛乳のような、まろやかな味。

コーヒー豆

中部高原のダラットやバンメートートが産地で、ロブスタ種が多い。香りやコクを出すために、バターなどと一緒に焙煎する。

淹れ方

底に小さな穴が開いたフランス式フィルターに挽いた豆を入れ、中蓋を落としてお湯を注ぐ。アイスコーヒーは氷入りのグラスに移して冷やす。

飲み方

濃く苦みが強いため、砂糖や練乳をたっぷり加えて飲む。フィルターと共に出される場合、砂糖は好みの量に調節可。アイスは氷を溶かしながら飲もう。

コーヒー自慢のカフェをCheck!

チュン・グエン・レジェンド
Trung Nguyên Legend
ドンコイ通り / 別冊 MAP●P15C3

ベトナムを代表するコーヒーブランドのカフェ。コーヒーは番号ごとに豆やブレンドの割合が異なる。純粋なロブスタ種を味わいたいなら1番をオーダー。

D A T A 交市民劇場から徒歩2分
住80 Đồng Khởi
☎091-5289932
時7時30分～21時30分 休なし
E E

ザ・ワークショップ
The WORKSHOP
ドンコイ通り周辺 / 別冊 MAP●P15D3

豆の新鮮さにこだわった自家焙煎コーヒーが人気のカフェ。中南部・ダラットで育ったアラビカ種のコーヒー豆をメインに使用。

D A T A 交市民劇場から徒歩6分
住2F, 27 Ngô Đức Kế
☎028-38246801 時7時30分～21時30分 休なし
E E

路上屋台の簡易カフェ

歩道や建物脇に小さな椅子とテーブルを並べただけの簡易カフェでもベトナムコーヒーが味わえる。ただし衛生面には要注意。

まめちしき カフェやスーパーマーケット、市場で豆を購入すれば、家でベトナムの味を楽しめる。その場で豆を挽いてくれる店や、フィルター付きのパッケージもあり、おみやげにも最適。

Lala Citta Vietnam

Area 3

ハノイ

Hà Nội

緑と湖に恵まれたベトナムの首都ハノイ。

旧市街を散策して、湖畔のカフェでひと休み。

ハロン湾やバッチャン村など郊外も魅力的。

ハノイ エリアNAVI

約1000年の歴史を誇るベトナムの首都ハノイ。昔ながらの趣ある旧市街や
ホアンキエム湖周辺が観光の中心で、交通の起点はハノイ大教会。
新スポットが多いタイ湖周辺や、大型ショッピングセンターがあるホム市場周辺も要チェック！

① タイ湖周辺
Hồ Tây

タイ湖は市街北西部に広がるハノイ最大の湖。夕日が美しいスポットとして知られ、フレンチヴィラが数多く立つ高級住宅街になっている。外国人向けのショップや高級大型ホテルも点在している。

別冊MAP P18B1〜P19C1
🚖ハノイ大教会から車で15分

② ホーチミン廟周辺
Lăng Chủ Tịch Hồ Chí Minh

市街西部にあり、省庁などが集まる政治の中心地。ホーチミン廟や世界遺産のハノイ城、タンロン遺跡など主要な観光スポットも集まっており、歴史や文化に興味のある人はタクシーを利用してまわりたい。

別冊MAP P24
🚖ハノイ大教会から車で15分

必見スポット
・ホーチミン廟…P102
・ホーチミンの家…P122
・ハノイ城＆タンロン遺跡…P122
・文廟…P122

ハノイ

① タイ湖周辺
チュックバック湖
タイ湖
ダイコーヴィエット通り
クアンタイン通り
ファンディン
ハノイ-タンロン王城遺跡中心地区
ホーチミン廟
フンヴォン通り
ホアンジエウ通り
ディエンビエンフー通り
② ホーチミン廟周辺
クエンタイホック通り
ヴァンミエウ通り
カットリン通り
文廟
ハノイB駅
ハノイA駅
Ga Hà Nội
チャンフンダオ通り
ラタイン通り
カムティエン通り
N
0   400m

③ 旧市街
Phố Cổ Hà Nội

ホアンキエム湖の北側に広がる地域。李朝時代に栄えた城下町で、当時の面影がそこかしこに残る。縦横無尽に走る通りごとに特色ある商店が集まっており、庶民の暮らしぶりが垣間見られる。

別冊MAP P21C1〜3
🚇ハノイ大教会から徒歩5〜20分

必見スポット •旧市街…P112 •ドンスアン市場…P113

④ ホアンキエム湖周辺
Hồ Hoàn Kiếm

観光の中心地で、ハノイ大教会がある西側には、お洒落なカフェやショップが軒を連ねる。フランス統治時代に発展した南東部は🅷ソフィテル・レジェンド・メトロポール・ハノイなどコロニアル建築が多く残る。ホアンキエム湖の周りは遊歩道も整備され、市民や観光客の憩いの場にもなっている。

別冊MAP
P21C4・P23C1〜D2
🚇ハノイ大教会へは、ノイバイ国際空港から車で50分

必見スポット
•ホアンキエム湖…P102
•ハノイ・オペラ・ハウス…P9
•ハノイ大教会…P103
•タン・ロン水上人形劇場…P120

⑤ ホム市場周辺
Chợ Hôm

中心部よりも比較的道幅が広く、高層のオフィスビルが立つ、落ち着いた雰囲気の新市街。大型のショッピングセンターや在住外国人にも人気のレストランなどもあり、都会的なイメージのエリアだ。

必見スポット
•ホム市場…P122
•ベトナム
女性博物館…P122

別冊MAP P23C4 🚇ハノイ大教会から車で10分

ハノイの定番を巡る、王道観光プラン

ギュっと凝縮 ハノイのベストコース

歴史的スポットからショッピング、グルメとお楽しみが尽きないハノイ。
外せないスポットを1日に詰め込んだ、満喫プランをご紹介！

> 周辺のみどころも
> **Check!**
> ホーチミン廟の近くにはホーチミンの家（→P122）やベトナム最古の大学跡、文廟（→P122）がある

1 別冊MAP P24B2 ホーチミン廟
Lăng Chủ Tịch Hồ Chí Minh

国民に愛される英雄が眠る

建国の父ホー・チ・ミン元国家元首の遺体を安置する。ベトナム戦争後の完成以来、多くのベトナム人が足を運んでいる。持ち物検査があり、見学までに時間がかかる。

DATA 交ハノイ大教会から車で15分 住1 Ông Ích Khiêm ☎069-578330 時7時30分～10時30分（土・日曜、祝日は～11時）、11～3月8～11時（土・日曜、祝日は～11時30分） 休月・金曜、遺体メンテナンスのため6～8月ごろの約3カ月間 料無料
館内での撮影は禁止。カメラはクロークで預ける

車で15分

赤い橋は絶好の撮影スポット

2 別冊MAP P21C4 ホアンキエム湖／玉山祠
Hồ Hoàn Kiếm／Đền Ngọc Sơn

ハノイを象徴する伝説の舞台

ハノイ中心部にある湖。15世紀、中国との戦いを勝利へと導いた名剣を神に返したとされる伝説の舞台でもある。湖に浮かぶ玉山祠には、文学・医学・武術の神が祀られている。

DATA 交ハノイ大教会から徒歩5分 住Đinh Tiên Hoàng ☎024-38255289 時散策自由（玉山祠） 時7～18時（土・日曜は～21時） 休なし 料無料（玉山祠3万VND）

車で5分

[地図]
↑タイ湖
ホーチミンの家
ロンビエン・バスターミナル
ロンビエン駅
タンロン遺跡
❶ ホーチミン廟
❺ ハンチョン通り
ドンスアン市場
ハノイ城
ハンガイ通り
ハノイ大教会 ❹
❼ カウ・ゴー
ハンダイスタジアム
Đinh Tiên Hoàng
ハノイメトロ
3号線（建設中）
文廟
❷ 玉山祠
ホアロー収容所 ❻
ホアンキエム湖
ハノイB駅
ニャート通り ❺
大劇場
ハノイ駅
N
0 500m
フォーティン ❸→

3 別冊MAP P23D4 フォー・ティン
Phở Thìn

No.1フォーの呼び声高い名店

ハノイで「一番おいしいフォーの店は？」と尋ねると、必ず名前が挙がる老舗。創業から約40年、大きな看板もないバラック風の店構えにたじろぐが、味は絶品！メニューは「フォー・ボー・タイ・ラン」のみ。

1. 半生炒め牛肉のせフォー6万VND 2. 油条5000VND（小）～は手で小さくちぎり、フォーのスープに浸して食べる。麩のような食感！

DATA 交ハノイ大教会から車で5分 住13 Lò Đúc ☎096-6657997 時6～21時 休なし

2

🐾 歩き方アドバイス

交通の基点はハノイ大教会。ホアンキエム湖周辺は徒歩圏内だが、それ以外の場所へはタクシーを利用しよう。ホーチミン廟は特に週末は混み合うので開館に合わせて朝一で訪問を。

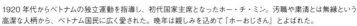
プチ情報 1920年代からベトナムの独立運動を指導し、初代国家主席となったホー・チ・ミン。汚職や粛清とは無縁という高潔な人柄から、ベトナム国民に広く愛された。晩年は親しみを込めて「ホーおじさん」とよばれた。

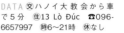

車で5分

4 別冊 MAP P21C4

ハノイ大教会
Nhà Thờ Lớn Hà Nội

豪華なステンドグラスがみどころ

仏領下の1886年に建造された、荘厳な雰囲気漂う教会。イタリアから持ち込まれたステンドグラスが飾られた内部は、ミサの時間は見学可能。

DATA 交ノイバイ国際空港から車で50分 住Nhà Thờ ☎なし 時ミサ5時30分、18時30分（土曜18時、日曜5・7時、8時30分、10時、11時30分・16・18・20時） 休なし 料無料

高さ約22mの尖塔がそびえる。内部は撮影禁止

 徒歩3分

● 大教会を望むおしゃれカフェ

ラ・プレイス
La Place / 別冊MAP●P21C4

厳かなハノイ大教会が目の前に見える2階のテラス席は、絶好のひと休みスポット。スイーツやサンドイッチなどの食事メニューもあるので、ランチにもいい。

DATA 交ハノイ大教会から徒歩すぐ 住6 Âu Triệu ☎024-39285859 時7時30分～23時 休なし ⒠Ⓔ

1.2階のテラス席から大教会が見える　2.マンゴー・ハニー・クレープ6万9000VND　3.マンゴー・ミント・アロエベラシェイク6万5000VND

5 別冊 MAP P21C3～4

大教会周辺の雑貨店巡り

人気の雑貨店が集結

ハノイ大教会の東側は、陶器や雑貨店などのショップが集まるエリア。ニャートー通り、ハンチョン通り、ハンガイ通り沿いに集中しているので、お気に入りを探そう。

1.カラフルなポーチ143万9000VND（タンミー・デザイン→P116）2.クマのぬいぐるみ24万VND～（ナグ→P116）

徒歩7分

6 別冊 MAP P22B1

ホアロー収容所
Nhà Tù Hỏa Lò

植民地時代にフランスが造った監獄

1896年、植民地時代にフランスによって建設された監獄。敷地の大半は再開発により高層ビルに建て替えられたが、主要部分である建物が博物館として保存されている。

DATA 交ハノイ大教会から徒歩10分 住1 Hỏa Lò ☎024-39342253 時8～17時 休なし 料3万VND

館内には当時の資料を展示。多いときには2000人以上が収容されていたとされ、ベトナム戦争時にはアメリカ兵の収容所としても使われた

 徒歩15分

7 別冊 MAP P21C3

カウ・ゴー
Lẩu Cầu Gỗ

絶景レストランでディナー

海外からの要人も訪れるレストラン。ホアンキエム湖を見下ろすテラス席で、揚げ豆腐7万VND～などのベトナム料理が楽しめる。

DATA 交ハノイ大教会から徒歩8分 住6-7F, 9 Đinh Tiên Hoàng ☎024-39260808 時10～22時 休なし ⒠Ⓔ

ハノイの名物料理などを提供

これを食べずに帰れない！

北部発祥の麺料理 フォーの人気店

ハノイにはフォーの名店が勢揃い。こってり系・あっさり系、鶏肉フォー・牛肉フォーなど、味付けや具材は店により異なる。食べ比べて楽しんでみよう！

フォー・ボー Phở Bò

ベトナム料理を代表するフォーは北部発祥の麺料理。米麺に具材を加えたスープ麺だが、南部よりもスープはあっさり、具材は牛肉とネギ、香草のみとシンプルなのが特徴。【食べ方指南】→P69参照

スタッフは行列をさばくため、ひたすらスープを注ぎ続ける

旧市街 別冊MAP P20B3 **フォー・ザー・チュエン** Phở Gia Truyền

行列必至の人気店

地元で絶大な人気を誇るフォー専門店。牛骨を長時間かけて煮込んだスープは、凝縮したうま味が感じられる奥行きある味。具は写真の牛肉の半生タイプ、フォー・ボー・チン5万VNDと煮込み、半生＆煮込みの3種類のみ。

DATA ㊤ハノイ大教会から徒歩10分 ㊤49 Bát Đàn ☎093-5116311 ㊞6～11時、17時～21時30分 ㊡なし

こちらも一緒に

オプションの揚げパン（Quẩy）1万VND。スープにつけて食べよう

フォー・ガー Phở Gà

ハノイでフォーといえば牛肉が定番だが、鶏肉にもファンが多い。マイ・アインのフォーは塩味のスープも鶏ベースで、鶏のうま味にあふれている。【食べ方指南】→P69参照

ホム市場周辺 別冊MAP P23C4 **フォー・ガー・マイ・アイン** Phở Gà Mai Anh

思わずスープを飲み干してしまう!?

フォー・ガーの専門店。老鶏や鶏ガラを長時間煮込んでとったスープは、すっきりとしたやさしい味で、淡白な麺との相性も抜群。鶏肉のせフォー6万VNDは放し飼いで育てた地鶏を使い、肉質がしっかりして味が濃い。

DATA ㊤ハノイ大教会から車で5分 ㊤32 Lê Văn Hưu ☎024-39438492 ㊞5時30分～15時 ㊡なし

こんなメニューも

全部入りフォー（Phở Đặc Biệt）9万VND。タレで煮込んだ鶏のキンカンや肝、心臓など内臓類を加えた全部入り。それぞれの食感や味が楽しめる。

プチ情報　フォーの具材の牛肉は、煮込みのチン（Chin）のほか、半生がタイ（Tái）、半生＆煮込みがタイ・ナム（Tái Nạm）。ローカル店が多いフォー専門店には英語表記がないことも多いので、覚えておくと便利。

ハノイではフォーより人気！？

食べごたえ満点の名物つけ麺 ブン・チャーが食べたい

豚肉団子や炭火焼豚肉が入ったヌックマムスープにブンをつけて食べるハノイ発祥のつけ麺。
細めの麺で舌ざわりなめらかなブンを食べればブン・チャーのトリコに！

旧市街 | 別冊 MAP P21D2

ブン・チャー・ター

Bún Chả Ta

庶民派ながらインテリアも素敵

最初は屋台で販売していたブン・チャーが評判を呼び、この店をオープン。口の中でほろっと崩れる手作り肉団子が特徴。春巻まで入った特製ブン・チャー全部入り10万VNDが一番人気のメニュー。

DATA 交ハノイ大教会から徒歩10分 住21 Nguyễn Hữu Huân ☎094-2269122 時8〜22時 休なし E

ブン・チャー
Bún Chả

炭火で焼いた豚肉のつくねと北部発祥の米麺ブンを、たっぷりの野菜と一緒に甘酢ダレで食べるハノイの定番料理。ハノイではフォーよりもポピュラーな一品。

【食べ方指南】
お碗にブン、野菜を適量取って豚肉のつくねをのせ、甘酢ダレをかけて一緒に味わう。お好みでにんにく、とうがらしをどうぞ。

ホアン キエム湖 周辺 | 別冊 MAP P21C3

ブン・チャー・ダック・キム

Bún Chả Đắc Kim

ボリューム満点のつくねが美味

炭火焼の豚肉とつくね、2タイプのお肉が山盛りに味わえる、1966年創業の人気店。香ばしくガッツリな焼肉と酸味と甘みのバランスが絶妙なタレとの相性が抜群。写真のブン・チャー（単品6万VND〜）と、カニ肉の揚げ春巻2本セット9万5000VNDがある。

DATA 交ハノイ大教会から徒歩5分 住1 Hàng Mành ☎024-38287060 時10〜20時 休なし E

こちらも一緒に

カニ肉の揚げ春巻（Nem Cua Bể）2万VND。ブン・チャーと同じタレにつけて食べてもOK

一度は必ず食べたい！

コレ知ってる？ハノイ名物
チャー・カー＆フォー・クオン

麺料理のほかにもハノイには名物料理がたくさん！
フォーの生地を使った春巻やハノイならではの鍋料理に挑戦してみよう。

・チャー・カー
Chả Cá

【食べ方指南】あらかじめ炒めてあるフライパンの魚にネギ、ディルを加えて軽く炒める。ブンを入れたお椀に揚げ炒めにした魚と香草、ピーナッツ、とうがらしを加え、タレをかけて食べる。

ターメリックなどで味付けしたナマズ科の淡水魚を油で揚げ、ネギ、ディルと和えて米麺のブン、香草と一緒に食べる。ハノイで誕生した鍋料理。

旧市街	別冊MAP P21C2

チャー・カー・ラヴォン
Chả Cá Lã Vọng

元祖チャー・カーが味わえる

1871年のオープン以来6代にわたって続くチャー・カーの本家。北部産の淡白な白身魚を使い、タレはシンプルにヌックマムのみ。メニューは写真のチャー・カー17万VNDだけなので、席に着くと人数分の料理が運ばれてくる。

DATA ㉄ハノイ大教会から徒歩11分
㊟14 Chả Cá ☎024-38253929
㊞11〜14時、17〜21時 ㊡なし

こちらも一緒に
スパイシーで食欲をそそるチャー・カーは、ハノイ・ビール(Bia Hà Nội) 2万VNDと相性◎

・フォー・クオン
Phở Cuốn

蒸したフォーを皮に使った、しっとりやわらかな春巻は、ライスペーパーとは異なるなめらかな食感で女性に人気が高い一品。

【食べ方指南】ヌックマムに砂糖などを加えて作るベトナムのポピュラーなタレにつけてパクリ。

タイ湖周辺	別冊MAP P19C1

フォー・クオン 31
Phở Cuốn 31

発祥の地の人気店

フォー・クオン発祥のグーサー通りの真ん中にあって、味はもちろん、ボリューム、コスパの高さで人気。旧市街などからタクシーでやってくる外国人旅行者の姿も多い。

こちらも一緒に
カリッとした揚げ餅のよう。牛肉と青菜のあんをかけたフォー・チエン・フォン(Phở Chiên Phồng) 8万VND(小)

DATA ㉄ハノイ大教会から車で12分
㊟31 Ngũ Xã ☎024-37153679
㊞9時〜22時30分 ㊡なし

プチ情報 2023年6月にミシュランガイドでベトナムのセレクションが発表され、1ツ星を獲得したレストランはハノイで3店舗、ホーチミンで1店舗だった。どんなレストランが掲載されているかチェックしてみよう。

味にもムードにもうっとり♥

少しおしゃれして行きたい
コロニアル・レストラン

フランス統治時代の邸宅を改装したレストランが点在するハノイ。
優雅な雰囲気に包まれて、見た目も美しい極上の料理を味わおう。

> ホアン
> キエム湖
> 周辺

> 別冊
> MAP
> P23D2

オウ・ラック・クラブ
Âu Lạc Club

美食の数々をワインとともに味わいたい

オペラ・ハウスのそばの人気カフェ＆レストラン。徹底的に素材にこだわった洋食＆ベトナム料理は、在住外国人にも定評。テラス席もありコロニアルな雰囲気のなか、健康にも気遣った美食を堪能できる。世界中のワインも豊富に取り揃えている。

> DATA 交ハノイ大教会から徒歩13分 住3A Nguyễn Khắc Cần ☎024-39369009 時7〜23時 休なし 予算／昼30万VND〜、夜30万VND〜 ☑日本語スタッフ □日本語メニュー ☑英語スタッフ ☑英語メニュー □要予約

1.大きな窓の側やテラス席がベストシート 2.ワインセラー内でも食事を楽しめる 3.スパゲティ・ボロネーゼ13万9000VNDはスパゲティのなかでも定番のメニューだからこそ、味の違いを楽しみたい

> ホアン
> キエム湖
> 周辺

> 別冊
> MAP
> P22A1

ラ・バディアン
La Badiane

美麗空間でハノイフレンチを楽しむ

大通りの喧騒から外れた横道に面した、静かでエレガントなレストラン。世界を巡って修業したフランス人シェフが繰り出すフュージョン料理は、既存の枠にとらわれない新しいアイデアでいっぱいだ。

> DATA 交ハノイ大教会から徒歩12分 住10 Nam Ngư ☎024-39424509 時11時30分〜13時30分LO、18時〜21時30分(LO) 休日曜 予算／昼55万VND〜、夜120万VND〜 □日本語スタッフ □日本語メニュー ☑英語スタッフ ☑英語メニュー ☑要予約

1.白亜のフレンチヴィラは約70年前の建物 2.白を基調としたパティオがメインダイニング 3.サーモンのグリル36万5000VND

地元っ子に交じって楽しもう！

街なかで味わう甘い誘惑 ローカルスイーツ

観光やショッピングの合間にちょっと休みたくなったら、ローカルスイーツにトライ！
地元の女の子たちが愛する路上カフェや専門店などで、ベトナムスイーツを堪能しよう。

イチオシ！

別皿の氷を入れて甘さを調節！

全部盛りがうれしい

クリーミ～

**タロイモ・ソフトクリーム（左）／
バニラ＆ストロベリー・
ソフトクリーム（右）**
Kem Khoai Môn/Kem Vani & Dâu
1万2000VND／1万5000VND
なめらかな舌ざわりのソフトクリーム。甘さ控えめで風味豊か。溶けやすいので早めに食べよう！　C

ホア・クア・ザム
Hoa Quả Dầm
3万VND
マンゴーやスイカなどのフルーツにコンデンスミルクを入れた、ハノイで人気のスイーツ　A

フレッシュ！

驚きのマッチング！

マンゴー・プリン
Chè Xoài
1万5000VND
南国スイーツの代表、マンゴーの果実がゴロリと入ったプリン。ミルクをかけてまろやかな味わいに　A

ミックスチェー
Chè Thập Cẩm
2万5000VND
仙草ゼリー、小豆、緑豆、タピオカ、蓮の実がたっぷり詰まった全部入り　B

赤米ヨーグルト
Sữa Chua Nếp Cẩm
1万5000VND
ほんのり甘く煮込んだ赤米とヨーグルトの組み合わせ。酸味と甘み、もっちり食感が意外にマッチ　A

A 別冊MAP P19D2　●旧市街周辺

ケム・カラメン・ズオン・ホア
Kem Caramen Dương Hoa

ホームメイドのプリンが人気

地元女子から絶大な人気を誇るスイーツ店。特に人気を集めているのが自家製プリン。とろけそうなほどやわらかな食感とやさしい甘さで、バイクでまとめ買いをする人も多い。

DATA 交ハノイ大教会から車で8分 住29 Hàng Than ☎024-39272806 時10～23 休なし

B 別冊MAP P21C2　●旧市街

チェー・ボン・ムア
Chè Bốn Mùa

地元の人に愛され続ける人気店

常に地元の人たちで賑わう、ベトナム風あんみつ「チェー」の専門店。具だくさんでやさしい甘さのチェーが豊富に揃う。蓮の実を入れたスタンダードなチェーのほか、寒天入りなど流行のチェーまで幅広く取り扱う。

DATA 交ハノイ大教会から徒歩11分 住4 Hàng Cân ☎098-4583333 時9～23 休なし

プチ情報　チェーは温かいものと冷たいものがある。店によっては冷たいチェーを頼むと、温かいチェーと別の器に入れた氷を渡されるので、各自で氷を加えて冷たくして食べる。

トロピカル〜

 ココナッツゼリー
Thạch Dừa Xiêm
4万8000VND
新鮮なココナッツをまるごとゼリーに。下はジュース、上はミルクと2層になっている A

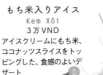

もち米入りアイス
Kem Xôi
3万VND
アイスクリームにもち米、ココナッツスライスをトッピングした、食感のよいデザート D

食感が最高

ザ★ベトナムフレーバー

お米のアイス（左）
緑豆のアイス（右）
Kem Cốm/
Kem Đậu Xanh
1万2000VND/
1万2000VND
暑いベトナムではさっぱり味のアイスバーが人気。甘さは控えめで豆やお米の味がしっかり口に広がる C

やっぱりコレ！

キャラメン（プリン）
Caramen
1万VND
ホーチミンではバインフランとよばれるが、ハノイではキャラメン。フルフルとやわらかく控えめな甘さ A

あざやか〜

蓮の実と小豆のチェー
Chè Đỗ Sen
3万VND
蓮の実がごろごろと入ったチェー。小豆はあっさりとした甘さで食べやすい B

てんこ盛り！

あっさり

フルーツの練乳がけ
Hoa Quả Dầm
3万VND
マンゴー、スイカ、アボカドなど、色鮮やかなフルーツいっぱいの看板メニュー D

ミックスかき氷
Bingsu Thập Cẩm
6万VND
プリンやゼリー、赤豆などをのせたかき氷。どっしりした甘さで満足感も◎ D

C 別冊MAP P23C2 ●ホアンキエム湖周辺
ケム・チャン・ティエン
Kem Tràng Tiền

老舗のアイス専門店
1958年から続く、地元で知らない人はいないアイス店。店内はソフトクリームとアイスバーの売り場が別になっているので注意。豊富なフレーバーが揃うアイスバーが一番人気。

DATA 交ハノイ大教会から徒歩12分 住35 Tràng Tiền ☎096-9963839 時7時30分〜23時 休なし E

D 別冊MAP P21C3 ●ホアンキエム湖周辺
ホア・ベオ
Hoa Béo

ホアおばさんの手作りデザート
イチゴやマンゴー、ジャックフルーツなど、たっぷりの南国フルーツと練乳を混ぜて食べる「ホア・クア・ザム」の専門店。一緒に出されるクラッシュアイスを入れて、好みの冷たさに調整しながら食べよう。

DATA 交ハノイ大教会から徒歩7分 住17 Tô Tịch ☎093-7541988 時10〜23時 休なし E

気分に合わせてチョイス！

個性がキラリ★
カフェでのんびりタイム

車やバイクの往来が激しいハノイでは、ひと息つけるカフェは貴重な存在。
インテリアやロケーションなど、個性豊かなカフェを厳選。

ホアン
キエム湖
南部　別冊MAP P22B3

オール・デイ・コーヒー
All Day Coffee

大人気のサードウェーブ系カフェ

店内で焙煎した挽きたてのコーヒーがその名のとおり、早朝から深夜まで楽しめる。ハンドドリップで淹れるスペシャルティコーヒーをはじめ、ケーキやフード類も充実。おしゃれなオリジナルカップやコーヒー豆の販売も。

DATA 交ハノイ大教会から徒歩13分 住37 Quang Trung ☎024-66868090 時7〜23時 休なし EE

1．大きな窓からやわらかな光が差し込む店内　2．アボカドとポーチドエッグのトースト11万5000VND（左）。スペシャルティコーヒーのチーズケーキ8万5000VND（右）。水出しコーヒー・ソルテッドフォーム10万5000VND（上）　3．ヨーロッパを感じるおしゃれな外観　4．少しレトロ感のあるイラストがかわいいオリジナルマグカップ

大教会
周辺　別冊MAP P20B4

ソファ・カフェ＆ビストロ
Xofa Café & Bistro

24時間営業のおしゃれカフェ

ハノイでは珍しい24時間営業の隠れ家風カフェ。緑に囲まれたフレンチヴィラはテラス席も完備。ドリンクだけでなく、アジア料理から西洋料理までメニューは多彩で、朝食から一日の締めくくりまで、さまざまなシーンで利用できる。

DATA 交ハノイ大教会から徒歩8分 住14 Tống Duy Tân ☎024-37171555 時24時間 休なし EE

1．栄養素をバランスよく組み合わせた一皿で、一日の活力をチャージ。フル・ブレックファスト15万8000VND（朝・昼のみの提供）　2．天気のよい日は屋外のテラス席がベストシート　3．2階へ上がる階段は写真撮影にもぴったり　4．古き良きフレンチヴィラで過ごす時間は格別

プチ情報　ホアンキエム湖や、タイ湖の湖畔には、湖を見渡せるカフェが点在する。海外旅行は予定を詰め込んでしまいがちだが、ハノイでは湖を眺めながらゆっくりスイーツやコーヒーを楽しむのもおすすめ。

ハノイ・ソーシャル・クラブ
The Hanoi Social Club

ホアンキエム湖周辺 ／ 別冊MAP P20B4

ヘルシー志向の欧米人に人気

路地裏にたたずむ一軒家を改装した、ノスタルジックなカフェ。野菜やフルーツをふんだんに使ったメニューが多く、健康志向の在住欧米人が足繁く通う。晴れた日は3階のテラス席がおすすめ。

DATA 交ハノイ大教会から徒歩7分 住6 Hội Vũ
☎024-39382117 時8〜23時 休なし [E][E]

1．チョコレートとオレンジのケーキ8万5000VNDのほか、フォーカクテル18万VNDなどのお酒も
2．火・木曜20時30分からはライブ演奏も行う

カフェ・ザン
Cafe Giảng

ホアンキエム湖周辺 ／ 別冊MAP P21D3

名物「エッグ・コーヒー」老舗店はココ

創業70年以上。卵の黄身だけを高速で泡立て、そこに苦みの強いコーヒーを入れて楽しむエッグ・コーヒーの発祥店といわれるお店。緑豆入りやコーラ、ビールなどと卵ホイップを合わせる変わったメニューもある。

DATA 交ハノイ大教会から徒歩13分 住39 Nguyễn Hữu
Huân ☎0917-002-299 時7〜22時 休なし [E][E]

1．エッグ・コーヒー（ホット）3万5000VND（左）、緑豆エッグ（アイス）3万5000VND（右） 2．細長い店内は手前にも奥にも席が

カフェ・フォー・コー
Càfê Phố Cổ

ホアンキエム湖周辺 ／ 別冊MAP P21C3

湖を望むカジュアルカフェ

ハノイを象徴するホアンキエム湖が一望できる絶好のロケーション。1階のカウンターで注文後、上階の席に着くスタイルで、気軽に絶景を楽しめる。ドリンクメニューが充実。

DATA 交ハノイ大教会から徒歩7分 住11 Hàng Gai
☎024-39288153 時8〜23時 休なし [E][E]

1．名物の卵入りエッグコーヒー4万5000VND
2．チーズケーキやチョコレートケーキもある
3．湖を見下ろす景色を堪能

コン・カフェ
Cộng Cà Phê

大教会周辺 ／ 別冊MAP P21C4

レトロなカフェでくつろぐ

ベトナム戦争前後を彷彿とさせるレトロな雰囲気のカフェ・チェーンで、ハノイ市内に27店ある。ノスタルジックで個性的なインテリアやメニューが人気で、外国人の姿も多い。。

DATA 交ハノイ大教会からすぐ 住27 Nhà Thờ
☎0869353605 時7時〜23時30分 休なし [E]
[E]

1．緑の外観が印象的 2．ヨーグルト＆ミックス・フルーツ6万5000VND〜（手前）、ミルク・コーヒー3万5000VND（右）、ブラック・コーヒー2万9000VND（左）

李朝時代から栄えた昔ながらの商業エリアでお買い物

旧市街をおさんぽしながら
かわいい雑貨探し ♡

網の目状に広がる路地に小さな商店が連なる旧市街。36あった通りごとに同業種の職人が集まったことから「36通り」ともよばれている。主な通りとお買い物におすすめのお店を紹介。

ロンビエン駅
Ga Long Biên

ハンコアイ通りには食器や鍋があふれんばかり

ガムカウ通り Gầm Cầu

ハンコアイ通り
Hàng Khoai

ハン・ロアン

ドンスアン市場

クア・ハン

東河門

唯一残る城門跡。周辺は通りが入り組んでいて賑やか

ハンチェウ通り Hàng Chiếu

ハンマー通り Hàng Mã
（縁起物・紙仏具）

グエンシエウ通り
Nguyễn Siêu

Chả Cá

ハンズオン通り Hàng Đường

Đồng Xuân

Lãn Ông
ランオン通り（漢方薬）

ハンブオン通り Hàng Buồm

軒先に布地や衣料品用の装飾品が並ぶハンボー通り

ミン・ディエップ

Hàng Cân

ハンバック通り Hàng Bạc（銀製品）

ハンボー通り Hàng Bồ

チャンニャットズアット通り Trần Nhật Duật

ハンコ屋さんと並んで仏具店も多いハンクアット通り

フック・ロイ

ハンザオ通り Hàng Đào

土・日曜の19時ごろからはナイト・マーケットが立つ

ハンアット通り Hàng Quất

ハンディエウ通り（ハス茶）
Hàng Điếu

ハンティエック通り（ブリキ細工）
Hàng Thiếc

Lương Văn Can

ハンザ市場
Chợ Hàng Da

2階にはおしゃれなショップ、地下にはバッチャン焼の店がたくさん！

Hàng Mành

ハンダウ通り（サンダル）
Hàng Dầu

ホアンキエム湖
Hồ Hoàn Kiếm

↘ ハノイ大教会へ

100m

プチ情報　毎週金〜日曜の18〜23時ごろまでハンザオ通り（別冊 MAP ● P21C3）でナイト・マーケットを開催。みやげ物や衣料品などの屋台が出て賑やか。

A ハンコや仏具が多い
ハンクアット通り

フック・ロイ　Phúc Lợi／別冊MAP ●P21C3

兄弟で営む手作りハンコ店。名前だけなら5分で完成。素材やデザインにもよるが、簡単なものでUS$3〜。

DATA　交 ハノイ大教会から徒歩8分　住6 Hàng Quat　☎024-39940970　時7時30分〜18時　休なし
Ｊ Ｅ

ベトナムらしい絵柄が人気

B 文房具ならおまかせ
ハンカン通り

ミン・ディエップ　Minh Điệp／別冊MAP ●P21C2

街角の文具店といった雰囲気だが、棚の奥にはレトロ感漂うノートやえんぴつが。梱包材もある。

DATA　交 ハノイ大教会から徒歩10分　住26 Hàng Cân　☎024-39230663　時7時30分〜18時　休なし

1.小さめペーパーバッグ 5000VND　2.ノート 各2万5000VND

C プラ籠から籐細工まで
ハンチェウ通り

クア・ハン　Cửa Hàng／別冊MAP ●P21C2

カラフルなプラ籠、籐やい草のバッグやスリッパなどの小物系をメインに扱う。同じデザインのものは数が少ない。

DATA　交 ハノイ大教会から徒歩15分　住80 Hàng Chiếu　☎096-8639539　時9〜18時　休なし
1.い草のランチボックス9万5000VND（要予約／所要10日）　2.ファスナー付きの籠バッグ14万VND〜

D キッチンウェアが充実
ハンコアイ通り

ハン・ロアン　Hằng Loan／別冊MAP ●P21C1

お皿やコップなど日常使いの食器から茶道具まで食器類を中心に扱う。バラ売りしてもらえるかは購入時に確認を。

DATA　交 ハノイ大教会から徒歩16分　住46 Hàng Khoai　☎024-38243307　時7〜19時　休なし
1.花柄のスプーン＆フォーク各5000VND　2.フタ付きの保存容器は3個セットで8万VND

E 手芸用品が揃う
ハンボー通り

コサージュや、レース、ボタン、ジッパーなど手芸用品を扱う問屋が並ぶ。まとめ買いがお得なので好みのものをじっくり選びながらお店巡りを楽しもう。

F 食器やカトラリーが豊富
ガムカウ通り

ベトナムの食器を買うならこの通り。プラスチック製のものから陶器のものまで、日常で使える商品を揃えるお店が並ぶ。

G 雑貨から食品まで勢揃い
ドンスアン市場

Chợ Đồng Xuân／別冊MAP ●P21C1

旧市街の北側にある大型市場。生鮮食品から生活雑貨、みやげ物まであらゆる商品が集まっている。

DATA　交 ハノイ大教会から徒歩16分　住Đồng Xuân　☎なし　時7〜18時　休なし

1.プラスチックの調味料入れ3万5000VND
2.ミニポーチは1個2万5000VND
3.小売りをしない店もあるので確認を

バリエーションが多いから好みに合わせて選べる

カラフルでデザインも豊富♪ アジアン雑貨をGET

ハノイ近郊の村で作られるバッチャン焼をはじめ、ハノイの雑貨店には食卓を彩るアイテムがいっぱい。
昔ながらの伝統模様から現代的なデザインまで、自分好みのアイテムを探して。

急須セット
650万VND（1セット）
花をモチーフにした小ぶりな
湯呑み。漆のお盆も付く

ボウル　20万VND
サラダなどを盛り付けたい竹製の
ボウル

プラ籠
15万VND
明るい色で持ち歩くと楽しい
気分に

プラ籠　18万VND
買い物にぴったりのシンプル
なプラ籠

ブレスレット
本体：125万VND
チャーム：各115VND
亀、蝶などをかたどった好み
のチャームをセレクトするこ
とができる

小物入れ
285万VND
グラデーションがきれいな花
の形をした漆商品

A | 別冊 MAP P21C2 | ●旧市街
ハー・リエン
Hà Liên

プラ籠やゴザ籠ならここ！
店先にたくさん吊るされた、ゴザ籠やプラ籠が目
印。オーナーのおばあちゃんがいるときは、店舗奥
にある倉庫まで案内してくれる。問屋でもある同店
の品揃えは実に豊富。

DATA　交大教会から徒歩15分　住76
Hàng Chiếu　☎0936366551　時8
〜19時　休なし

B | 別冊 MAP P21C3 | ●旧市街
ハノイア
Hanoia

ハイセンスな漆製品が豊富
フランス人デザイナーによるアート性の高い商品の
数々。ハノイ郊外に自社工房をもち、品質もきちん
と管理。季節ごとに新ラインナップが登場し、常に
新しい漆の世界を見せてくれる。

DATA　交ハノイ大教会
から徒歩10分　住38
Hàng Đào　☎024-
37100819　時9〜20時
休なし

まめちしき　漆器は熱に弱いので、温かい料理には不向き。お手入れも食洗機はご法度なので、中性洗剤でやさしく手洗いを。
ホーロー製品は濡れたままにしておくとサビが生じるので、使用後はしっかり拭いて保管すること。

サーバーフォーク＆
スプーン 15万VND（2個）
大皿料理の取り分けに便利
な竹と漆を合わせた大型の
カトラリー C

小鉢とスプーン
6万VND（小鉢）、
各2万VND（スプーン）
ちょっと不規則な形が個性的
な小鉢と、ティータイムに使
いたい小ぶりのスプーン C

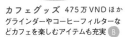

水草ポシェット
13万VND
水草で編んだポシェ
ット。布付きなので、
中身がこぼれない A

カフェグッズ 475万VND ほか
グラインダーやコーヒーフィルターな
どカフェを楽しむアイテムも充実 B

小皿
各5万VND
お茶菓子など
を入れるのに便利 C

アクセサリーケース
390万VND（Sサイズ）
445万VND（Mサイズ）
真鍮を使ったデザイン
性のある取っ手も印象
的なケース B

プレート
8万VND～（要予約）
直径16cmほどの小皿
なので、いろいろな用
途に使えそう D

蓋つきポット
15万VND
竹製の蓋つきポッ
ト。小物入れや食品
保管などに使える A

マグカップ 各13万VND～
機能性にも富んだホーロー製
の小さめカップ D

●旧市街
別冊
MAP
P21C3

ドラゴンフライ
Dragonfly

モダンな商品がリーズナブル

陶器や漆器を中心にベトナムの伝統手工芸品をモ
ダンにアレンジしたアイテムを扱うショップ。薄くて
軽いニューバッチャン焼をリーズナブルに販売して
いる。

DATA 交ハノイ大教会か
ら徒歩7分 住10 Tô Tich
☎097-3274956 時8時
～17時30分 休なし

●旧市街
別冊
MAP
P20B1

ハイフォン・ホーロー
＆アルミウェア
Sắt Tráng Men Nhôm Hải Phòng

レトロなホーローがひそかな人気

小さな店舗に商品がぎっしり積まれた、ホーローとアル
ミ製品の店。ホーロー職人が集まるハイフォンから仕入
れた手作り製品は、懐かしさを
感じさせる柄も魅力。アルミの鍋
や、やかんもフォルムがキュート。

DATA 交ハノイ大教会から徒歩
15分 住38A Hàng Cót ☎024-
38269448 時8時～17時30分
休なし

刺繍から少数民族の織物、仕立てまで

手仕事から生まれる
上質ファブリック

繊細な手刺繍や、確かな縫製技術で作り出される仕立て服など、ハノイには丁寧な手仕事が紡ぎ出す
布製品が豊富に揃う。ハノイ近郊の山岳地域に暮らす少数民族の織物も忘れずチェックしよう。

1. 淡いカラーがかわいい刺繍ポーチは14万1000VND～ Ⓐ 2. デザインも豊富に揃うクッションカバーは45万VND～ Ⓐ 3. 3サイズあるクマのぬいぐるみ24万VND～ Ⓑ 4. パスポートケース各52万8000VND～ Ⓑ 5. 刺繍入りノート25万VND～ Ⓒ 6. ナチュラル感たっぷりの手刺繍リネンバッグ150万VND～ Ⓒ 7. ポップなポーチ143万9000VND Ⓐ

Ⓐ ●旧市街
タンミー・デザイン
Tanmy Design
別冊MAP ● P21C3

デザイン性の高さに定評あり
品質、デザインともにハイレベルな老舗店。広々とした店内には、ベッドリネンや雑貨小物、ファッションまで幅広いアイテムが揃う。オリジナルのほか、地元デザイナーのウェアなども。

DATA
🚃ハノイ大教会から徒歩7分 🏠61／63 Hàng Gai ☎024-39381154 🕐8～20時 🈳なし Ⓔ

Ⓑ ●ホアンキエム湖周辺
ナグ
nagu
別冊MAP ● P21C4

ベトナムモチーフの雑貨
手刺繍をさりげなくあしらったウェアや雑貨が揃う。蓮の花など、ベトナムらしいデザインの刺繍入りアイテムが多く、乙女心をくすぐる。日本人好みの落ち着いた色使いで、使い勝手もよさそう。

DATA
🚃ハノイ大教会から徒歩5分 🏠78 Hàng Trống ☎024-39288020 🕐9～19時 🈳なし Ⓔ

Ⓒ ●大教会周辺
フー・ラ・ラ
Huulala
別冊MAP ● P21C4

一点ものの雑貨がずらり
店内には、シルクやリネンの服をはじめ、トートバッグや革サイフ、シルク・スカーフなどのファッション小物がいっぱい。その多くは、同店のデザイナーが手がけた一点ものだ。

DATA
🚃ハノイ大教会から徒歩すぐ 🏠2 Nhà Chung ☎089-8128223 🕐9～22時 🈳なし Ⓔ

プチ情報 洋服のオーダーメイドをする場合、店の混み具合によって仕上がりにかかる日数も異なる。ハノイに着いたら早めに足を運ぼう。希望のデザインがあれば、雑誌の切り抜きなどを持参すると伝えやすい。

少数民族雑貨

少数民族には、それぞれに伝統的な織物や染物技術が受け継がれている。色彩豊かで細やかな刺繍を施したテキスタイルを用いた雑貨はどれも魅力的。民族ごとの特徴を知っておくとより興味が湧きそう。

黒モン族
やさしい風合いの手織りの長財布 20万VND〜。小物用のポーチとしても D

花モン族
華やかな刺繍入りアンティーク布のティッシュ入れ18万5000VND D

白モン族
細やかな手刺繍を得意とする白モン族のミニポーチ11万5000VND E

ザオ族
自然をモチーフにした精緻な刺繍が得意。コースター6万5000VND D

8

9

12

10

11

14

13

14

8.藍染めの糸を織り込んだタイ族の財布17万5000VND D　9.3色が揃うタイ族の化粧ポーチ35万VND D　10.モン族の意匠をあしらったアオザイ125万VND D　11.少数民族のテーブルランナー89万VND E　12.白モン族の織物で作ったバレエシューズ57万VND E　13.手刺繍のバッグUS$69 F　14.花モン族やターイ族のモチーフがワンポイントのブックカバー20万VND D

D　●ホアンキエム湖周辺
チエ
Chie
別冊MAP ● P21C4

少数民族の手仕事がズラリ
ベトナム北西部に暮らす少数民族の伝統技術を生かした製品を扱う。ポーチやストールなど、クオリティの高い布製品を中心とした品揃え。ポーチなどの小物はおみやげにもぴったり。

DATA
交ハノイ大教会から徒歩3分　住66 Hàng Trống　☎024-39387215　時8時30分〜21時　休なし E

E　●旧市街
サパ・ショップ
Sapa Shop
別冊MAP ● P21C3

リーズナブルな少数民族雑貨
少数民族のテキスタイルを用いた雑貨をメインに、さまざまなおみやげアイテムが揃うショップ。フランスで学んだデザイナーによるバッグやシューズなどの服飾小物が特に充実している。

DATA
交ハノイ大教会から徒歩6分　住108 Hàng Gai　☎024-39380058　時8時30分〜21時　休なし J E

F　●ホーチミン廟周辺
ココ・シルク
Coco Silk
別冊MAP ● P24B4

オーダーメイドの老舗
縫製技術に定評のあるオーダーメイド店。オーダーはデザインにもよるが、簡単な刺繍入りのワンピースでUS$160くらい〜、所要2〜3日。完成品はホテルに届けてくれる。

DATA
交ハノイ大教会から車で7分　住35 Văn Miếu　☎024-37471535　時8時〜18時　休なし J E

お茶、スナック菓子、調味料にインスタント食品まで

こだわりからお手軽まで 目的で選ぶグルメみやげ

おみやげに重宝するのがリーズナブルで手軽に入手できる食品類。パッケージも魅力的なこだわりの逸品から、スーパーで購入できるバラマキみやげまで、目的に合わせてチョイスしよう。

こだわり逸品グルメ

好きなカラーのボックスに好みのチョコレートを選んで詰める。24個入り17万6000VND

フェーヴァ　Pheva
（ホアンキエム湖周辺／別冊MAP P22A1）

選び抜いた素材で作るチョコレート

ベトナム産カカオ豆を原料に、フランス人オーナーこだわりの素材で作るチョコレート専門店。ダーク、ミルク、ホワイトと3種のチョコレートをベースに、黒こしょう、ピスタチオ、オレンジなど全12フレーバーが揃う。色が選べるパッケージも魅力。

DATA 交ハノイ大教会から徒歩11分 住8 Phan Bội Châu ☎024-32668579 時8〜19時 休なし

人気フレーバー6個入り5万5000VND。すべてのチョコレートに同色のペーパーバッグが付くので、おみやげにぴったり

レピセリー・ドゥ・メトロポール　L'Epicerie Du Metropole
（ホアンキエム湖周辺／別冊MAP P23D1）

老舗ホテルの味をお持ち帰り

セレブ御用達ホテル内にあるショップ。サンドイッチやドリンク、ハムやチーズ、スイーツなどの食品も販売。エディアールなど高級食品店の商品もあるが、狙い目はホテルオリジナル。

DATA 交ハノイ大教会から徒歩12分 住Hソフィテル・レジェンド・メトロポール・ハノイ（→P124）1F ☎024-38266919 時7〜21時 休なし

プラリネやトリュフチョコの8個入り40万VND。チョコレート・ビュッフェでも味わえる

アンナム・グルメ　ANNAM GOURMET
（タイ湖周辺／別冊MAP P18A2）

ベトナムきっての高級食材店

ハノイに4店舗ある高級食材店。3フロアある店内は、1階生鮮食品、2階がドリンクやお菓子、3階で化粧品を扱っている。欧米からの輸入食品も多いが、高品質のベトナム産コーヒーやお茶なども見つかる。

DATA 交ハノイ大教会から車で20分 住51 Xuân Diệu ☎024-66739661 時7〜21時 休なし

ベトナム産フルーツのジャム1万4000VND〜。左からグレープフルーツ＆ミカン、ベトナムの柑橘果物カムクワット、マンゴー＆スターフルーツ

ベトナム各地で作られるお茶を25種類セレクト。93万4000VND

プチ情報　メニュー料金に税金やサービス料が含まれていないことが多い。また、高級スパのなかには記載された金額とは別にチップが必要な場合もある。

高級スパからお手軽マッサージまで

旅の疲れを癒やす スパ＆マッサージ

贅沢気分を味わえる高級スパから、ショッピングや観光の合間に立ち寄りたいマッサージ店まで。ハノイでは比較的リーズナブルにヒーリング体験ができる。旅の疲れはハノイでリセット！

ホーチミン廟周辺 ／ 別冊MAP P18B3

ゼンノバ
Zennova

体の中から温める陶板サウナ

目の不自由なセラピストが施術し温めた陶板に横になるサウナ（陶板浴）とマッサージの組合せが人気。オリジナルのコールドプレスココナッツオイルを使用したフォト・マッサージもおすすめ。

DATA 交ハノイ大教会から車で18分 住113 Ngõ Núi Trúc ☎024-37365566 時9～21時 休なし 要予約 Ｂ Ｅ

1. 日本式を取り入れた陶板浴で、体を芯から温めて血行を促進する　2. サウナを省いた通常のボディマッサージ90分42万VNDもある

MENU
・エコ・ホット・ベッド＆マッサージ・コンビネーション
Eco Hot Bed & Massage Combination
（60分、49万VND）
陶板浴で体をほぐした後のマッサージで効果アップ

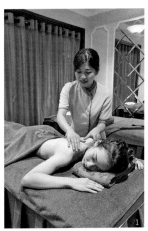

ホアンキエム湖周辺 ／ 別冊MAP P23C2

アマドーラ・ウェルネス＆スパ
Amadora wellness & Spa

ハーブをふんだんに使ったナチュラルスパ

日本やタイ、フランスの技術を取り入れたトリートメントが自慢。街なかにありながらオリエンタルな内装で、ハーブや海藻など、天然素材を使ったマッサージオイルやボディトリートメントのコスメの販売もある。

DATA 交ホアンキエム湖から車で15分 住250 Bà Triệu ☎024-39785406 時9時～21時30分 休なし Ｂ Ｅ

MENU
・リフレッシング・ボディ・スクラブ（ココナッツ）
Refreshing Body Scrub (Coconut)
（30分、57万5000VND）
生のココナッツを使い、心も体もピカピカに！

全室個室でプライベート感抜群

ホアンキエム湖周辺 ／ 別冊MAP P23D1

ル・スパ・ドゥ・メトロポール
Le Spa Du Metropole

ハノイ随一のエレガントなスパ

ホテル内の専用棟を構えるゴージャス・スパ。伝統的な療法と現代の技術を融合させたオリジナルメニューが体験できる。

DATA 交ハノイ大教会から徒歩12分 住Ｈソフィテル・レジェンド・メトロポール・ハノイ（→P124）1F ☎024-38266919 時10～22時（最終入店20時30分） 休なし 要予約 Ｊ Ｂ Ｅ

MENU
・ソー・イグジラレーティング・ボディ・トリートメント
So Exhilarating Body Treatment
（60分、230万VND）
ボディを引き締め、シルエットを整えるマッサージ

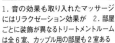

1. 音の効果も取り入れたマッサージにはリラクゼーション効果が　2. 部屋ごとに装飾が異なるトリートメントルームは全6室、カップル用の部屋も2室ある

伝統音楽に合わせて人形たちが魅せる

ハノイ生まれの伝統芸能
水上人形劇を鑑賞

11世紀のタンロン(現在のハノイ)で、農民の娯楽として川や池で行われていた水上人形劇。
伝統音楽をBGMに水上の舞台を動きまわる人形たちを、本場ハノイで楽しんで。

1. 水で満たされた舞台を舞う仙女たち　2. 動物が登場する演目も多い
3. 舞台の締めくくりには人形を操っていたスタッフが登場　4. 舞台脇での生演奏が人形たちを盛り上げる

ホアンキエム湖周辺　別冊MAP P21C4

ロータス水上人形劇
Múa Rối Nước Bông Sen

白亜の劇場で行う本格水上人形劇

2013年にスタートした、比較的新しい水上人形劇場。伝統音楽の演奏から始まり、3〜5分程度のショートストーリーを11演目行う。人形たちのコミカルな動きは、言葉がわからなくても見ているだけで十分楽しめる。伝統楽器による生演奏も迫力満点。

DATA ㉄ハノイ大教会から徒歩5分　㊟16 Lê Thái Tổ
☎024-39381173　時16時、17時15分、18時30分(所要50分)※上演時間・回数は季節や曜日によって変動あり。事前に要確認　㊡なし　㊋10万VND(1等席)〜 ※予約推奨

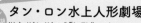
こちらも Check!

タン・ロン水上人形劇場
ホアンキエム湖周辺　Nhà Hát Múa Rối Thăng Long
別冊MAP P21D3

ホアンキエム湖のすぐそばに立つ老舗の水上人形劇場。上演内容は上記劇場とほとんど変わらないが、人形の動きが大きいのが特徴。

DATA ㉄ハノイ大教会から徒歩10分　㊟57B Đinh Tiên Hoàng
☎024-38249494　時16時10分、17時20分、18時30分(不定期、所要50分)※上演時間・回数は季節や曜日によって変動あり。事前に要確認　㊡なし　㊋10万・15万・20万VND(席により異なる)※予約推奨

▶注目ポイント!

・コミカルな人形

耐水性のある塗料を塗った木彫りの人形は、キャラクターの表情、動作に合わせて作製されている。操作は舞台裏で行われる。

・伝統音楽

水上人形劇の発祥地、ホン川デルタ地方の伝統音楽を生で演奏。打楽器、弦楽器などの伝統楽器が奏でる音楽が郷愁を誘う。

・ストーリー・ダイジェスト

伝説の物語
2羽の鳳凰の愛情物語など、ベトナムの聖なる動物が多数登場。レ・ロイ将軍がホアンキエム湖の亀に剣を返した伝説は定番の演目となっている。

農民の暮らし
水上人形劇の生みの親ともいえる農民の生活を描く。田植え、釣りなど日々の暮らしの中にある楽しみや苦労を、リズムよく表現している。

プチ情報　水上人形劇は観光客からの人気が高く、当日券の入手が困難な場合もあるので、事前にチケットを購入しておいたほうが安心。到着後早めに劇場の窓口でチケットを購入しておくか、手数料はかかるが旅行会社で手配してもらうと確実。

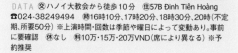

今話題のトレンドはコレ！

ハノイの壁画アート＆夜景で映えショットを狙う！

新旧のよさが入り混じった街のフォトジェニックなスポットをご紹介。昼間は旧市街の屋外アートでレトロな撮影を。夜には高層ビルのバーで眺望を楽しみながら過ごすのもおすすめ。

ホアンキエム湖周辺	別冊MAP P20B2

フンフン通り
Phùng Hưng

壁画で撮影してレトロ映え

石積みのアーチ型鉄道橋に沿う形で壁画アートが並ぶ観光地の一つ。天秤棒を担いだ行商の立体パネルなども設置されており、絵画の中に迷い込んだような撮影も楽しめ、現地の人にも人気だ。

DATA 交ハノイ大教会から徒歩10分 住Phùng Hưng ☎なし 時休料見学自由

1.旧市街にあるハンマー通りが描かれている 2.レトロな家の入口をアートに 3.旧正月（テト）の風景を表現 4.「STREETS OF FLOWERS」と名付けられた華やかな作品

ホーチミン廟西部	別冊MAP P18A3

トップ・オブ・ハノイ
Top of Hanoi

高層階からの超展望

67階という高さからハノイ夜景を360度から楽しめるロッテホテル運営のバー。フードメニューも充実しており、タパスからシーフード類、ピザ、スパゲティまでバラエティに富んでいる。

DATA 交ハノイ大教会から車で18分 住67F, Lotte Hanoi Hotel, 54 Liễu Giai ☎024-33333016 時17〜24時 休雨天時 E

1.屋上全体をバースペースとしている 2.方角によって趣が異なる夜景 3.シグニチャーカクテル27万VND 4.フォトスポットもいっぱい

世界遺産から市場まで

ハノイで行きたい
注目スポット総ざらい

1000年の歴史を誇るベトナムの首都ハノイには史跡がたくさん残る。歴史や文化に興味があるなら、ぜひとも足を運んで造詣を深めよう。おしゃれなカフェや飲食店も要チェック！

ハノイ城＆タンロン遺跡
別冊 MAP P19C2
Thành Cổ Hà Nội & Hoàng Thành Thăng Long

ベトナム諸王朝の跡地

2010年にユネスコ世界文化遺産に登録された歴史的建造物群。通りを挟んで西側に遺跡、東側に城跡が残されている。

DATA 交ハノイ大教会から車で9分 住19C Hoàng Diệu ☎024-37345427 時8〜17時 休なし 料3万VND

ホーチミンの家
別冊 MAP P24A1
Nhà Sàn Bác Hồ Chí Minh

暮らしぶりからうかがえる人物像

ホーチミン元主席が1969年に亡くなるまで暮らした家。書斎や寝室などが生前のまま残されており、質素な暮らしぶりが垣間見られる。

DATA 交ハノイ大教会から車で10分 住1 Bách Thảo ☎080-44287 時7時30分〜11時、13時30分〜16時 休月・金曜の午後 料4万VND

文廟
別冊 MAP P24B4
Văn Miếu

学業の神・孔子を祀る

1070年に建造された孔子を祀る廟。82個の石碑が並ぶ境内では、学業成就を願う参拝者の姿が数多く見られる。

DATA 交ハノイ大教会から車で9分 住58 Quốc Tử Giám ☎024-38235601 時8〜17時 休なし 料3万VND

ベトナム女性博物館
別冊 MAP P23C2
Bảo Tàng Phụ Nữ Việt Nam

ベトナムの女性にフォーカス

戦争時の女性英雄の紹介や聖母信仰など、ベトナム女性に焦点を当てた展示を行う。民族衣装の変遷も興味深い。

DATA 交ハノイ大教会から徒歩12分 住36 Lý Thường Kiệt ☎024-38259936 時8〜17時 休なし 料4万VND

ベトナム国立美術博物館
別冊 MAP P24B3
Bảo Tàng Mỹ Thuật Việt Nam

ベトナム美術が一堂に会す

古代遺跡の出土品から漆器、プロパガンダ絵画まであらゆるジャンルをコーナー別に展示。別館では企画展も開催される。

DATA 交ハノイ大教会から車で10分 住66 Nguyễn Thái Học ☎024-38233084 時8時30分〜17時 休祝日 料4万VND

ホム市場
別冊 MAP P23C4
Chợ Hôm

手芸グッズが充実

2階建ての大型市場。2階には布地や布製品など、手芸好きにはたまらないアイテムがズラリ。とにかく広いので宝探し感覚でお目当てを探したい。

DATA 交ハノイ大教会から車で10分 住79 Phố Huế ☎なし 時6〜18時ごろ 休なし

プチ情報 「オクトーバー・ラウンジ・コーヒー＆スタジオ」や、「ザ・リパブリック」があるタイ湖周辺には、おしゃれなカフェやレストラン、雑貨店などが数多く集まっている。湖畔の散歩を楽しみながらさまざまなお店をのぞいてみよう。

軍事博物館

別冊 MAP P20A3

Bảo Tàng Lịch Sử Quân Sự Việt Nam

ベトナム軍の活躍を振り返る

インドシナ戦争やベトナム戦争を、写真や資料で振り返る。外には戦闘機なども展示されている。ディエンビエンフー交差点に位置する、街歩きのランドマークでもある。

DATA 交ホーチミン廟から徒歩15分 住28A Điện Biên Phủ ☎024-62531367 時8時〜11時30分、13時〜16時30分 休月・金曜 料4万VND

国立歴史博物館

別冊 MAP P23D2

Bảo Tàng Lịch Sử Quốc Gia

激動の歴史に触れる

ベトナムが歩んできた全土の歴史を貴重な史料や遺物展示などを通して紹介する。ヨーロッパとベトナムの様式が融合する第1棟の建物もみどころ。

DATA 交ハノイ・オペラ・ハウスから徒歩3分 住1 Tràng Tiền ☎024-38252853 時8〜12時、13時30分〜17時 休月曜 料4万VND

ハノイ・タン・タン

別冊 MAP P23C1

Ha Noi Tân Tân

油控えめの香り豊かな揚げ魚

新鮮な魚を香草のディルと一緒に控えめの油で揚げたチャー・カーが味わえる。スパイシーな味と香りがくせになるチャー・カー・ハノイ12万VND。

DATA 交ハノイ大教会から徒歩7分 住2F, 15 Tràng Thi ☎024-39342591 時10〜14時、17時30分〜21時 休なし

プク・カフェ

別冊 MAP P20B4

PUKU CAFE

夜までわいわい楽しみたいなら

ちょっぴりレトロでアメリカンな雰囲気の24時間営業のカフェ。土・日曜は2階にある大部屋に人が集まり、スポーツ観戦で盛り上がる。

DATA 交ハノイ大教会から徒歩8分 住16-18 Tống Duy Tân ☎024-3938174 5 時24時間 休なし

ラ・ターブル・ドゥ・シェフ

別冊 MAP P23D1

La Table Du Chef

2ツ星シェフの味をハノイで

ミシュランの2ツ星を獲得したフランス人シェフ考案によるメニューを提供。フランス産トリュフなど材料にもこだわっている。

DATA 交ハノイ・オペラ・ハウスから徒歩2分 住12 Lý Đạo Thành ☎024-39340888 時11〜14時、18〜22時 休なし

オクトーバー・ラウンジ・コーヒー＆スタジオ

別冊 MAP P18B1

October Lounge, Coffee&Studio

ベトナム人で賑わう湖畔カフェ

スタジオと店名に入れるほど店内には、レトロ調のフォトスポットが多い。夕暮れや夜のタイ湖を眺めながらカクテルを飲むこともできる。

DATA 交ホーチミン廟から車で8分 住115 Nguyễn Đình Thi ☎0985-570021 時7〜24時 休なし 🅴🇪

ザ・リパブリック

別冊 MAP P18A2

The Republic

湖が見えるテラスで優雅な時間

地元在住者ファンも多いこのお店。特にベジタリアン用のほか複数揃うボリューム満点のハンバーガーが人気。

DATA 交ホーチミン廟から車で10分 住12 Quảng An ☎024-66871773 時8時30分〜24時 (土・日曜8時〜) 休なし 🅴🇪

目的や予算に合わせてチョイス！

「お気に入り」を探したい
ハノイで話題のホテル

大型ホテルは中心街から少し離れた市街北部や南東部に多く、中心街にはプチホテルが集中。
高級ホテルで優雅に、中心街のプチホテルでアクセス便利に…。旅のスタイルに合わせて選んで。

ホアン
キエム湖
周辺 ／ 別冊 MAP P23D1

ソフィテル・レジェンド・メトロポール・ハノイ
Sofitel Legend Metropole Hanoi

ハノイ最古のコロニアル・ホテル

世界各国のVIPを迎えてきた、1901年創業の格調高いフレンチコロニアル調ホテル。3つのウイングからなり、それぞれに異なった趣。本格フランス料理やエレガントなカフェなど飲食施設も人気が高い。

DATA 交ハノイ大教会から徒歩12分 住15 Ngô Quyền ☎024-38266919 料プレミアム・ルーム 751万4000VND〜 364室 Ⓑ Ⓡ Ⓟ Ⓕ

1.プレミアム・ルームはモダンなインテリア 2.著名人の名を冠した客室の一つグラハム・グリーン・スイート 3.白亜の外観が目を引く

タイ湖
周辺 ／ 別冊 MAP P18A2

インターコンチネンタル・ハノイ・ウエストレイク
InterContinental Hanoi Westlake

湖畔のシティ・リゾート

タイ湖のほとりにあり、リゾート気分が味わえる高級ホテル。暖色系でまとめた客室はシックな内装。湖にせり出すように位置するサンセットバーの眺めが見事。

DATA 交ハノイ大教会から車で20分 住5 Từ Hoa ☎024-62708888 料要問合せ 318室 Ⓙ Ⓔ Ⓡ Ⓟ Ⓕ

1.デラックスルームはベランダ付き。湖から心地よい風が吹く 2.湖上に浮かぶように各部屋が配されている 3.清掃の行き届いた清潔なバスルーム

プチ情報 ［マークの凡例］ Ⓙ 日本語OK、Ⓔ 英語OK、Ⓡ レストラン、Ⓟ プール、Ⓕ フィットネスジム

タイ湖周辺 別冊MAP P18A2

シェラトン・ハノイ
Sheraton Hanoi Hotel

徹底した心配りが魅力
タイ湖の北岸に位置し、落ち着きのあるホテル。日本人マネージャーもいて、細かな要望にも対応してくれる。

DATA 🚍ホアンキエム湖から車で20分 🏠K5 Nghi Tàm, 11 Xuân Diệu ☎024-37199001 📶デラックス US$153～ 299室 Ⓙ Ⓔ Ⓡ Ⓟ Ⓕ

 ホム市場周辺 別冊MAP P22A4

ホテル・ドゥ・パルク・ハノイ
Hôtel du Parc Hanoï

細やかなサービスの日系ホテル
ハノイ駅にほど近い日系ホテル。日本人ゲストを意識した、細部にまで行き届いたサービスと設備を誇る。日本料理の弁慶をはじめ、レストランもハイレベル。

DATA 🚍ハノイ大教会から車で10分 🏠84 Trần Nhân Tông ☎024-38223535 📶デラックスUS$130～ 256室 Ⓙ Ⓔ Ⓡ Ⓟ Ⓕ

 ホアンキエム湖周辺 別冊MAP P23D2

ホテル・ドゥ・ロペラ・ハノイ・エムギャラリー・ホテル・コレクション
Hotel de L'Opera Hanoi MGallery Hotel Collection

シックなインテリアとフワフワのベッドが評判。オペラ・ハウス近くにあり、周辺には高級レストランが多く、観光にも便利。

DATA 🚍ハノイ大教会から徒歩10分 🏠29 Tràng Tiền ☎024-62825555 📶デラックス350万VND～ 107室 Ⓔ Ⓡ Ⓟ Ⓕ

 市街西部 別冊MAP P18A3

ハノイ・デウー
Hanoi Daewoo Hotel

格式あるデラックスホテル。80mプールなど設備も充実している。

DATA 🚍ハノイ大教会から車で18分 🏠360 Kim Mã ☎024-38315000 📶デラックスUS$150～ 411室 Ⓔ Ⓡ Ⓟ Ⓕ

 市街西部 別冊MAP P18A2

JWマリオット・ハノイ
JW Marriott Hanoi

新開発地区の豪華ホテル
国際会議場が隣接する新開発地区に立つ。モダンな内装の客室、スタイリッシュなレストラン、優雅なスパなど、リラックスするための設備が充実している。

DATA 🚍ハノイ大教会から車で30分 🏠8 Đỗ Đức Dục ☎024-38335588 📶デラックス570万VND～ 450室 Ⓙ Ⓔ Ⓡ Ⓟ Ⓕ

 旧市街 別冊MAP P21D3

ラ・シエスタ・クラッシック・マー・マイ
La Siesta Classic Ma May

旧市街にオープンしたプチホテル
2014年開業の比較的新しいホテル。機能的な設備を備えた客室は、クラシカルなインテリアが魅力的。ベトナム料理と西洋料理が味わえるレストランも評判。

DATA 🚍ハノイ大教会から徒歩13分 🏠94 Mã Mây ☎024-39263641 📶デラックスUS$85～ 64室 Ⓔ Ⓡ

 ホーチミン廟周辺 別冊MAP P24A4

プルマン・ハノイ
Pullman Hanoi Hotel

遊び心のあるスタイリッシュなインテリアと行き届いたサービスに定評がある。屋外プール、高速インターネットなど設備も整う。DATA 🚍ハノイ大教会から車で12分 🏠40 Cát Linh ☎024-37330688 📶デラックスUS$113～ 242室 Ⓔ Ⓡ Ⓟ Ⓕ

 タイ湖周辺 別冊MAP P19C1

パン・パシフィック・ハノイ
Pan Pacific Hanoi

旧市街にほど近く、タイ湖やチュック・バック湖の美しい景色も眺められる高層ホテル。スパや温水プールも完備。DATA 🚍ハノイ大教会から車で20分 🏠1 Thanh Niên ☎024-38238888 📶ラグジュアリー264万VND～ 324室 Ⓙ Ⓔ Ⓡ Ⓟ Ⓕ

 ホアンキエム湖周辺 別冊MAP P22B2

メリア・ハノイ
Melia Hanoi

ショッピングエリアが徒歩圏内と好立地な高層ホテル。ベトナム料理やビュッフェのレストランがある。

DATA 🚍ハノイ大教会から徒歩10分 🏠44B Lý Thường Kiệt ☎024-39343343 📶デラックスUS$175～ 306室 Ⓔ Ⓡ Ⓟ Ⓕ

ハノイからひと足延ばして1 Day Tour①
幻想的な世界遺産
ハロン湾をクルージング

約1600㎢もの広大なハロン湾は、無数の奇岩が連なるベトナムきっての景勝地。
約3時間のクルーズで、自然が生み出す神秘的な景観をたっぷりと楽しんで。

すばらしい景観が広がる

クルーズ船が発着するトゥアンチャウ・ターミナルへ。ここからツアー専用のクルーズ船に乗り込み、約3時間のクルーズへ。

＼この船に上船！／

1.ハロン湾のクルーズ船は白で統一
2.トゥアンチャウ・ターミナル

9:00~9:30	11:00	12:00	12:30
ハノイ市内出発	お手洗い休憩	ハロン湾到着クルーズ船に乗船	クルーズ船内でランチ

別冊 MAP P2B1

ハロン湾
Vịnh Hạ Long

龍が舞い降りたという伝説の地をクルーズ

ハノイの東約170kmにあるハロン湾は、かつて龍が降臨したとの伝説が残る景勝地。静けさに包まれた入り江に2000を超える奇岩がそびえ立つ様子は、まさに幻想の世界。1994年には世界遺産にも登録された。クルーズツアーでは名物岩や水上村などのみどころを船上から眺め、途中船を下りて、1993年に発見された鍾乳洞の散策も。自然の造形美を心ゆくまで堪能できる。ハノイからなら日本語ガイド付の現地発着ツアーが便利。

＼このツアーに参加／
[世界遺産ハロン湾クルーズ1日観光]【所要時間/出発】所要約8時間（昼食付き）/**H**パン・パシフィック・ハノイ（→P125）集合。9時~9時30分出発　[開催日]毎日　[料金]US$184（3名~）プライベートUS$230（2名~）　[問合せ・申込先]JTBベトナム　マイバスデスク（→P133）

ランチメニューの一例

船が動き出したらランチタイム。メニューは揚げ春巻など、新鮮な魚介類をはじめとするベトナム料理（ツアー料金に含まれる）。ミネラルウォーター、ビールといったドリンクは別料金。

まめちしき

● ベストシーズン
曇り空が多くはなるものの、比較的涼しい10・11月がベスト。夏は晴れやすいので、帽子や扇子、飲料水など暑さ対策を忘れずに。

● 参加時の服装
鍾乳洞の散策時に多少歩くことになるので、スニーカーなど動きやすい靴・服装で参加しよう。

  ハロンとはハ＝下りる、ロン＝龍に由来。中国の侵攻に苦しんでいた時代、龍の親子が天から舞い降りて中国軍を撃退したという伝説からその名がつけられた。

🅰 クルーズ船からの景色

食事が終わったら、船上から湾内のみどころを見学。浮きを付けた家屋で水上生活を送る水上村、2羽の鶏が愛をささやきあうように見える奇岩、ラブ・アイランドなど。

2

3　　4

1.銀行や学校まである水上村　2.20万VND紙幣にも描かれているディンフォン島　3.ラブ・アイランドは2羽が戦っているようにも見えることから「闘鶏岩」ともよばれる　4.横顔が似ていることから名付けられたゴリラ岩

クルーズを終えトゥアンチャウ・ターミナルに帰港したら、バスに乗って一路ハノイへ。途中、みやげ店で30分の休憩タイム。蓮茶やベトナムコーヒーなどのみやげはここで買える。

休憩時にトイレも済ませよう

水上商店に注意！
港を離れると、ボートにフルーツや雑貨を積んだ水上商店が近づいてくる。ハロン湾の風物詩でもあるが、買う気がなければハッキリ断ろう。

13:00 → **14:00** → **15:00** → **17:30**

世界遺産の　　ティエン・クン　クルーズを終え、　ホテル到着
景色を満喫　　鍾乳洞を探検　　ハロン湾出発

🅰 ティエン・クン鍾乳洞を探検

ダウゴー島にある船着き場でクルーズ船を下りティエン・クン(天宮)鍾乳洞を20分ほど歩いて散策。階段や洞窟の中では足を滑らせないように注意を。鍾乳洞内は涼しく感じられるが、湿気があるため徐々に暑さが増すので飲料水や扇子を用意しよう。トイレは見学後まで利用できないので、心配なら船内で済ませておこう。

1.照明に浮かび上がる鍾乳洞は神秘的　2.鍾乳洞まで船着き場から歩く　3.鍾乳洞見学時には高台からの景色も楽しめる

ハノイからひと足延ばしてHalf Day Tour②

半日ツアーで手軽に訪れる
陶器のふるさとバッチャン村

ハノイから約14km、ホン川のほど近くにあるバッチャン村は、ベトナムを代表する陶器の生産地。
ハノイ発の半日ツアーに参加し、工房見学や陶器店巡りを通して、バッチャン焼の魅力に迫ろう。

◎ バッチャン村 をおさんぽ

メインの通りを一周。村の様子を見ながら、気になる
ショップをチェックしておこう。

1.店が連なるメインストリート　2.昔ながらの工房も　3.ポップなデザインも見つかる　4.さまざまな商品がここから各地へと運ばれる　5.一歩奥へ入ると、のどかな村の光景が広がっている

| 8:30 | → | 9:10 | → | バッチャン村
散策 | → | バッチャン
陶芸博物館を見学 | → |

| ハノイ市内
出発 | | バッチャン村
到着 |

別冊
MAP
P18A2

バッチャン
Bát Tràng

大型ショップでのお買い物と、村の散策を楽しむ

ハノイから車で40分ほどの陶芸の村・バッチャン。30〜40分もあればまわることができる小さな村には、1000を超える窯があり、国内はもちろん世界各地に向けた製品が造られている。ツアーでは、村でも有数の規模と品質を誇るショップを訪問。制作工程を垣間見られる工房見学とショッピングを満喫したら、村のメインストリートを一周。通りに連なるショップをのぞいたり、"陶芸の村"ならではの素朴ながらも活気ある村の様子を肌で感じることができる。

このツアーに参加

[バッチャン陶器半日観光] [所要時間/出発] 所要約3時間30分／宿泊ホテルより8時30分・14時出発(1日2回)　[開催日] 毎日　[料金] US$50(2名〜)　[問合せ・申込先] JTBベトナム　マイバスデスク(→P133)

◎ バッチャン焼を学ぶ

バッチャン陶芸博物館
Bảo tàng gốm Bát Tràng
/別冊MAP●P18A2
2022年にオープンした博物館。陶器の展示や販売を行う。屋上にはレストランやカフェも。

DATA ⊗ハノイから車で30分　住So 28,Thon 5, Bat Trang, Gia Lam　☎0989-166336　時8〜17時　休なし

3階には宿泊スペースも用意

プチ情報　個人でバッチャン村へ行く場合は、ロンビエン・バスターミナル(別冊 MAP ● P21C1)から47A番のバス(所要約1時間)を利用するかタクシーで。村でタクシーをつかまえるのは難しいので、乗車前に往復利用する旨を伝える。ツアー利用がおすすめ。

バッチャン焼って？

700年以上の歴史をもつバッチャン焼。諸説あるが、中国を訪れた役人が陶器を持ち込んだことが始まりとされ、陶器に適した土壌、運搬に最適なホン川があることから、この地に陶器作りが根付いたという。

幸せを呼ぶ開運柄という菊の花は、最もポピュラーな絵柄

ベトナムでは古くから幸運のシンボルとされるトンボ柄も定番

陶器づくりを見学

工房では制作風景を間近に見られる。手描きでの絵付けの様子はついつい見入ってしまいそう。

1.壁一面には乾燥中の焼物がズラリと並んでいるので、ぶつからないように注意を　2.窯入れの前に行う釉をつける工程も見学できる　3.筆にとった塗料を下絵に沿って丁寧に色をのせていく　4.手描きならではの素朴な風合いがバッチャン焼の魅力

10:20 工房見学

大型作品の絵付けを見られることも

みやげ物店でお買い物

11:20 バッチャン村出発

12:00 ハノイ市内到着

ツアーで訪れるショップはこちら！

 バッチャン・コンサベーション
Bat Trang Conservation /別冊MAP●P18A2

日本語も通じる大型店

バッチャン村でも有数の規模を誇る店。4階には制作の様子が見られる工房があり、3階にはアンティークの展示や販売、1～2階がショップになっている。日本語が通じるスタッフも多く、梱包もしっかりしてくれるので安心。

DATA 交ハノイから車で30分　住67, Xóm 6 Giang Cao　☎024-36715215　時8～17時　休なし Ｊ Ｅ

村の入口近くに立つ

お気に入りの器探し

色やデザインも豊富に揃っているので、じっくり吟味してお気に入りを見つけて。

1.ボウルはUS$15。お皿とセットでUS$20
2.金魚柄がかわいい醤油さしUS$10

トラベルインフォメーション

ベトナム出入国の流れ

ベトナム入国

1. 到着 Arrival

ホーチミン市の空の玄関口はタン・ソン・ニャット国際空港、ハノイはノイバイ国際空港、ダナンはダナン国際空港。飛行機を降りたら、表示に沿って入国審査エリアまで移動。

2. 入国審査 Immigration

「All Passport」カウンターに並び順番が来たら、パスポートと出国用の航空券（eチケット控え）を入国審査官に提示する。入国の目的などを尋ねられることもあるので、はっきりと答えよう。パスポートにスタンプが押されパスポートが返却されれば手続き終了。

3. 荷物受取所 Baggage Claim

乗ってきた飛行機の便名が表示されたターンテーブルを探し、日本で機内に預けた荷物を受け取る。万が一、荷物が出てこない場合は利用航空会社のカウンターで荷物引換証（Claim Tag）を見せてその旨を伝える。スーツケースが破損していないかもその場で必ず確認しよう。

4. 税関 Customs Declaration

荷物が免税範囲なら申告なしの「Nothing to Declare」（緑のランプ）のゲートを通過して外へ出る。この際、係員に止められて荷物を開けさせられることも。免税範囲を超える場合は税関申告書を持って「Goods to Declare」（赤のランプ）のカウンターへ。

5. 到着ロビー Arrival Lobby

タン・ソン・ニャット国際空港の到着出口は2つある。出口を抜ける前後に両替所があるので当座の現金を両替しておこう。

●税関申告書の記入例

税関申告がある人は空港の税関で記入する。

❶氏名（姓、名の順。ローマ字）　❷性別（男性はMale、女性はFemaleに印を付ける）　❸生年月日（日／月／年の順）　❹国籍　❺パスポート（旅券）番号　❻出発便名　❼記入日（日／月／年の順）　❽署名（パスポートと同じサイン）　❾税関記入欄（何も記入しない）　❿ベトナムでの滞在期間　⓫携帯品の個数　⓬別送品荷物の個数　⓭一時的にベトナムに持ち込み、持ち帰る品物、または一時的にベトナムから持ち出し、持ち帰る品物の有無（ある場合はYesに印を付ける）　⓮免税範囲外の品物の有無（ある場合はYesに印を付ける）　⓯所持する現金の総額明細（VND、US$ほか外貨）　⓰手形、小切手の総額明細　⓱所持する貴金属（金以外）の量　⓲所持する宝石の量　⓳所持する金の量

●ベトナム入国時の制限

○主な持込制限
・通貨の持込制限はないが、US$5000相当額以上の外貨、現地通貨1500万VND以上は要申告。
・アルコール類は度数20%以上1.5ℓ以上、20%未満2ℓ以上、ビール3ℓ以上は要申告。
・紙巻たばこ200本以上、金300g以上は要申告。
・1000万VND相当額以上の携行品なども要申告。

○主な持込・持込禁止品
・銃、爆発物、麻薬、骨董品など。
・ベトナム人のモラルに悪影響を及ぼす出版物など。

日本出国時の注意点

出発の1カ月〜10日前までにチェック

●ベトナムの入国条件

○パスポートの残存有効期限
入国時に6カ月以上が必要。

○ビザ
15日以内の観光旅行であればビザは不要。ただし、出国用の航空券やeチケットが必要。詳細はベトナム社会主義共和国大使館（→P139）へ確認を。

○空港の出発ターミナル
成田国際空港では、利用する航空会社によってターミナルが第1〜3に分かれる。ベトナム航空（VN）、全日本空輸（NH）は第1、日本航空（JL）、ベトジェットエア（VJ）は第2に発着する。

○液体物の機内持込み制限
機内持込み手荷物に100mℓ以上の液体物が入っていると、日本出国時の荷物検査で没収となるので注意。100mℓ以下であれば、ジッパーのついた容量1ℓ以下の透明プラスチック製袋に入れれば持ち込める。詳細は国土交通省航空局のWebサイト URL www.mlit.go.jp/koku/03_information を参照。

大事な出入国情報は旅行が決まったら
すぐにチェック！万全の準備で空港へ。

いつも出迎えの人でごった返す
ホーチミン市のタン・ソン・ニャ
ット国際空港到着出口付近

ベトナム出国

1　チェックイン Check-in

出発ロビーのカウンターで、係員に航空券(eチケット
控え)とパスポートを提示。スーツケースなどの荷
物を預け、荷物引換証(Claim Tag)と搭乗券を受け
取る。付加価値税の払戻しはP138参照。

2　手荷物検査 Security Check

係員に搭乗券とパスポートを提示し、機内に持ち込
む手荷物をX線に通す。

> 日本同様、液体物の持込みには制限が
> あるので注意。

3　出国審査 Immigration

「All Passport」のラインに並び出国審査を受ける。
審査のカウンター前に行ったら、パスポートと搭乗券
を提示する。

4　セキュリティチェック Security Check

機内持込み手荷物と本人のチェック。パスポート
と搭乗券を係員に提示。上着は脱ぎ、携帯電話や
PC、小銭はトレーへ入れてX線検査機に通す。

5　搭乗 Boarding

30分前までには搭乗ゲート前へ。免税店やコーヒ
ースタンドがあるので、搭乗までの時間を楽しもう。

> 使い残したベトナムドン(VND)があれば
> 両替所で日本円に両替を。日本での両替
> はレートがよくないので注意。

●日本〜ベトナムの所要時間
　　（直行便の場合）

・ホーチミン
成田・羽田・関西・中部・福岡から直行便が運航している。
所要時間は成田・羽田が約6時間、関西が約5時間〜5時間
30分、中部が約5時間30分〜6時間、福岡が約5時間。

・ハノイ
成田・羽田・関西・中部・福岡から直行便が運航している。
所要時間は成田・羽田が約5〜6時間、関西が約5時間、中部
が約5時間30分、福岡が約4時間30分。

・ダナン
直行便が運航している。所要時間は約5時間30分〜6時間。

●日本から直行便のある主な航空会社

航空会社	問合せ先
ベトナム航空 (VN)	予約＆発券 ☎ 03-3508-1481 URL www.vietnamairlines.com
全日本空輸 (NH)	ANA国際線 ☎0570-029-333 URL www.ana.co.jp
日本航空 (JL)	JAL国際線 ☎0570-025-031 URL www.jal.co.jp
ベトジェット・ エア (VJ)	☎19001886 URL www.vietjetair.com

日本入国時の制限

日本帰国時の税関で、機内や税関前にある
「携帯品・別送品申告書」を提出する(家族は代表者のみ)。▷▷

●主な免税範囲

酒類	3本(1本760mℓ程度)
たばこ	1種類の場合は紙巻たばこ200本、葉巻50本、 加熱式たばこ個包装等10個※またはその他の たばこ250g。※1箱あたりの数量は紙巻たば こ20本に相当する量
香水	2オンス(約56mℓ、オードトワレ・コロンは除外)
その他	1品目ごとの海外市価合計額が1万円以下の もの全量、海外市価合計額20万円まで

※酒類・たばこは未成年者への免税はない

●主な輸入禁止と輸入制限品

○輸入禁止品
麻薬類、鉄砲類、わいせつ物、偽ブランド品、土
つきの植物など。
○輸入制限品
ワシントン条約に該当するもの(ワニ、ヘビ、トカ
ゲ、象牙など)、果実、切り花、野
菜、ハムやソーセージなどの肉類。チーズなどの
乳製品は要検査。また、医薬品や化粧品にも
数量制限あり(化粧品は1品目24個以内)。

プチ情報 日本帰国の際、別送品がある場合や免税範囲を超えた税率などの詳細は税関 URL www.customs.go.jp/ を参照。

空港～中心部の交通

日本からの直行便が運航しているホーチミン市、ハノイ、ダナンの各空港から市内へは、いずれもタクシー利用が一番安心。ホテルの送迎サービスを事前に予約するのもいい。

ホーチミン市 タン・ソン・ニャット国際空港　Cảng Hàng Không Quốc Tế Tân Sơn Nhất

別冊 MAP P10A1

免税店などがあるのは出国審査後

市内中心部から約8km北西に位置しており、別名「ホーチミンシティ国際空港」ともよばれている。国際線ターミナルはレベル1（日本の2階）が到着フロア、レベル0（日本の1階）が荷物受け取り。出発のチェックインカウンターはレベル2（日本の3階）。国内線ターミナルもあるので、間違えないよう注意を。

交通早見表

路線バスは安上がりだが、バスターミナルからタクシー移動が必要。

交通機関		特徴	料金（片道）	運行時間／所要時間
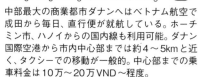 早い	タクシー	サイゴン・エアなどのチケット制タクシーがおすすめ。一般のメーター制タクシー（18万VND程度）と比べると少し高めだが、追加料金なしの前払いなので安心。到着フロアのインフォメーションでタクシーチケットを購入し、タクシー乗り場へ。	20～35万VND	24時間／市内中心部まで約30分
	ホテル送迎バス	市内の高級ホテルでは、宿泊者向けに空港とホテル間の送迎サービスを提供。事前予約が必要でタクシーより割高だが、より安全で快適。	US$35～（ホテルにより異なる）	ホテルにより異なる／市内中心部まで約30分
安い	エアポートバス	路線バス109番が空港からハムギー通りなどの市内中心部を結んでいる。	8000～1万5000VND	5時30分～23時40分ごろまで。約20～30分間隔／市内中心部まで約30分

ダナン ダナン国際空港

別冊 MAP P4C3

Cảng Hàng Không Quốc Tế Đà Nẵng

中部最大の商業都市ダナンへはベトナム航空で成田から毎日、直行便が就航している。ホーチミン市、ハノイからの国内線も利用可能。ダナン国際空港から市内中心部までは約4～5kmと近く、タクシーでの移動が一般的。中心部までの乗車料金は10万～20万VND～程度。

フエ フーバイ国際空港

別冊 MAP P4A1

Cảng Hàng Không Quốc Tế Phú Bài

グエン王朝の古都フエへは日本からの直行便はなく、ホーチミン市、ハノイからの国内線を利用。市内中心部までは約15km。タクシーを利用する場合は所要約20分、25万VND程度。

ホーチミン市のタン・ソン・ニャット国際空港、ハノイのノイバイ国際空港など空港に関する詳しい情報は、空港総合Webサイト URL www.vietnamairport.vn などを参照。

ハノイ ノイバイ国際空港　*Cảng Hàng Không Quốc Tế Nội Bài*

市内中心部から約30km北東に位置している。国際線はターミナル2、国内線がターミナル1。国際線の到着フロアは2階にあり、入国審査後に1階へ移動して荷物をピックアップ。到着ロビーに出ると各銀行の両替所などがある。タクシー乗り場は到着ロビーを出て左手。出国フロアは3階にある。

空港はコンパクトなので迷う心配はない

交通早見表

路線バスもあるが、乗降場が国内線ターミナル側と距離があるため、あまりおすすめできない。

交通機関		特徴	料金（片道）	運行時間／所要時間
早い	タクシー	タクシー乗り場は到着ロビーを出て左側にある。指定タクシーのみ営業が許可されている。到着ロビーやタクシー乗り場付近では、白タクの強引な呼び込みもあるので注意を。	40万VND程度	24時間／市内中心部まで40〜50分
	ホテル送迎バス	市内のホテルの多くで宿泊者向けに空港とホテル間の送迎サービスを提供。事前予約が必要でタクシーより割高だが、より安全で快適。	US$30〜（ホテルにより異なる）	ホテルにより異なる／市内中心部まで40〜50分
	エアポートバス	86番のオレンジ色のバスが約45分おきに運行。ホアンキエム湖、メリア・ハノイなどを経由してハノイ駅まで。料金は乗車後、バスのスタッフに直接支払う。	3万5000VND	5〜22時ごろ、約45分ごとに1本

オプショナルツアー

〈問合せ・申込み先〉 JTBベトナム マイバスデスク
時9時〜17時30分（土・日曜・祝日休み）（店舗により異なる）㊡なし
マイバス日本語ダイヤル　ホーチミン☎090-8913-923／ハノイ☎090-4627-889 ／ ダナン☎090-2476-722
URLwww.mybus-ap.com/country/vietnam

限られた滞在時間でも効率よく観光できるのが、現地発着のオプショナルツアー。日本語ガイド付きなので安心。

ホーチミン
ホーチミン半日市内観光（午前・午後）
統一会堂や聖母マリア教会、ベンタイン市場など、観光客に人気のスポットをまわる。
【出発／所要時間】（午前発）8時30分ごろ〜（午後発）13時30分ごろ／約3時間
【催行日】毎日【料金】US$40〜（2名〜）

ハノイ
チャンアン・ホアルー1日観光
「陸のハロン湾」とも称される自然保護区と1000年前に都が置かれたホアルーを訪れる。
【出発／所要時間】8時ごろ〜／約10時間
【催行日】毎日【料金】US$135（2名〜）

ホーチミン
水上人形劇とベトナム料理の夕食
ベトナム料理の夕食と水上人形劇を楽しめる。水上で行われる人形劇は、軽快な音楽とコミカルな人形の動きに注目！
【出発／所要時間】18時ごろ〜／約3時間
【催行日】火・金・土・日曜【料金】US$55（2名〜）

中部
ダナン発ミーソン遺跡とホイアン1日観光
ダナンからチャンパ王国時代の聖地・ミーソン聖域と古都ホイアン、2つの世界遺産を巡るツアー。ランチ付き。
【出発／所要時間】（午前発）9時ごろ〜／約8時間【催行日】毎日【料金】US$120〜（2名〜）

ハノイ
ハノイ市内半日観光
ホーチミン廟、文廟、ホアンキエム湖に浮かぶ玉山祠とハノイのみどころをひととおり押さえた定番コース。約30分のシクロ乗車体験もできる。
【出発／所要時間】8時ごろ〜／約4時間
【催行日】毎日【料金】US$60（2名〜）

プチ情報　オプショナルツアーの情報は2023年6月以降のもの。ツアー内容は交通状況、天気、休館日などで変更になる場合もあるので注意。料金に含まれるもの、キャンセル料、集合場所などの詳細は申込み時に確認を。

［旅のキホン］

通貨や気候、通信環境などの現地事情は事前にインプット。また、ベトナムは同じアジアでもマナーや習慣など日本と違うことも多いので知っておこう。

お金のこと

ベトナムの通貨単位はベトナムドン（VND）。店によってはUSドル（US$）も使用できる。

1万VND＝約62円

（2023年6月現在）

紙幣の種類は100、200、500、1000、2000、5000、1万、2万、5万、10万、20万、50万の12種類もあるが、100VND紙幣はほとんど流通していない。貨幣もあるが、現在はほとんど流通していない。

2000 V N D

5万V N D

5000 V N D

10万V N D

500 V N D

1万V N D

20万V N D

200 V N D

1000 V N D

2万V N D

50万V N D

●両替

現地では空港、銀行、ホテルのフロントなどで両替でき、たいていのところで日本円からベトナムドンに換金できる。使い残したベトナムドンは日本で換金するとレートがよくないので、残さないよう計画的に換金しよう。

空港	銀行	街なかの両替所	ATM	ホテル
市内への交通費を到着フロアにあるので、当座のお金を両替しよう。休日や深夜も営業している。	**安心だが土日休み**数多くあり便利。銀行にもよるが一般的に月～金曜の8～12時、13～17時が営業時間。	**長時間営業で便利**繁華街にあり利用しやすいが、なかには闇業者もある。両替の際は金額が正しいかその場でしっかりチェックしよう。	**英語で操作できる**銀行はもちろん、コンビニやショッピングセンターに設置されており、表示言語を英語に選択できる。	**安全＆便利**フロントで両替できる。レートや手数料などの条件は多少よくないが、安全で落ち着いた場所なのが利点。

銀行はこの看板

ビー・アイ・ディー・ヴィ

エクシム・バンク

ベトコム・バンク

ATMお役立ち英単語集

確認…ENTER/OK/CORRECT/YES
取消…CANCEL
暗証番号…PIN/ID CODE/SECRET CODE/
PERSONAL NUMBER
取引…TRANSACTION
現金引出…WITHDRAWAL/GET CASH
キャッシング…CASH ADVANCE
金額…AMOUNT

プチ情報　現地で日本円の現金をベトナムドンに両替する場合、どこの両替所がお得か見比べるポイントとなる数字は、両替レート表のCASH「BUYING」欄。

シーズンチェック

旧正月であるテトの期間は、ショップやレストランなどが休みになることが多い。買い物や食事を楽しみに行く人は、旅行を避けたほうがいい時期。旧暦の1月1日で、毎年日付が変動するので、計画を立てる前に確認をしよう。

● 主な祝祭日

1月1日	元日
2月9日	旧正月大晦日※
2月10～14日	テト(旧正月)※(振替休日含む)
4月18日	フン王の命日※(振替休日含む)
4月30日	南部解放記念日
5月1日	メーデー
9月2日	国慶節(建国記念日)

● 主なイベント

5月19日	故ホー・チ・ミン元国家主席生誕記念日
6月10日	端午節※
8月18日	中元節※
8月19日	8月革命勝利記念日
9月17日	中秋節※

※印の祝祭日やイベントの日程は年によって変更する。上記は2024年のもの

ホー・チ・ミンは1969年に没したベトナム民主共和国初代主席。5月19日はその生誕を記念する日

旧暦12月27日ごろからテト(旧正月)のための花市が始まる

● 気候とアドバイス

南北に長いベトナムは地域によって気候が異なるので注意

雨季 南部5～10月 北部5～9月 中部10~3月	ホーチミン市は長ければ11月ごろまで雨季。湿度が高く、気温は下がらないので基本的に半袖で大丈夫。中部は寒暖差が激しくなるため、羽織れる上着を用意しておくといい。	乾季 南部11～4月 北部10～4月 中部2~9月	雨が少なく活動しやすい旅行のベストシーズン。北部ハノイの1～3月ごろは10℃を下回ったり、霧雨が降ることもあるため、防寒具や雨具を用意しておくと安心。
食べ物 の旬	通年／スイカ　3～8月／マンゴー 5～7月／マンゴスチン、ランブータン、ライチ 5～8月／ドリアン　4～10月／ドラゴンフルーツ		

● 平均気温と降水量

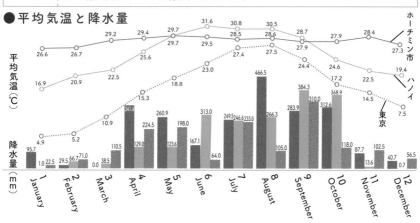

平均気温(℃)

降水量(mm)

ホーチミン市　ハノイ　東京

January　February　March　April　May　June　July　August　September　October　November　December

プチ情報　8月革命勝利記念日は1945年、ベトナムを独立に導いた革命の記念日。国慶節(建国記念日)は8月革命後、同年9月に故ホー・チ・ミンを国家主席とするベトナム民主共和国が成立した記念の祝日。

135

電話のかけ方

● 日本で使っている携帯電話をそのまま使用したいなら、登録している通信会社の海外用プランに加入するか、海外用Wi-Fiルータを日本からレンタルしていこう。通信会社の海外用プランに加入せず携帯電話をそのまま利用すると、通信料が高額になることがある。その場合は「機内モード」をON、「データローミング」をOFFに設定して、回線との自動接続をシャットアウトしておこう。またSIMロックフリーの携帯電話を持っていれば、eSIMを契約するか、現地のプリペイドSIMカードを購入して使用できる。

● ベトナム → 日本

00（国際電話識別番号）**-81**（日本の国番号） **―相手の電話番号**（最初の0は取る）

● 日本 → ベトナム

電話会社の識別番号（※）**― 010 ― 84**（ベトナムの国番号）**―相手の電話番号**（市外局番の0は取る）

※マイラインやマイラインプラスに登録している固定電話の場合は不要。登録していない場合は、ＮＴＴコミュニケーションズ…0033、ソフトバンク…0061などをはじめにプッシュする。

● 市内通話 （ホテルの客室からの場合）

ホテルの客室からかける場合は、外線専用番号（ホテルにより異なる）―相手の番号をダイヤルする。市外局番は不要。

インターネット事情

● 街なかで

多くのカフェで無料Wi-Fiが利用可能。ホーチミン市はドンコイ通り、ハノイならハノイ大教会周辺で「Free Wi-Fi」と表示されたカフェが多く見つかる。カフェでは注文時にパスワードを教えてもらおう。

● ホテルで

ほとんどのホテルで無線LANやWi-Fiのサービスがある。接続にはパスワードが必要で、無料の場合もあるが有料の場合は1時間単位や1日単位などホテルによって料金設定が異なるので、事前に確認しておきたい。また、PC備え付けのビジネスセンターなども利用できる。

郵便・小包の送り方

● 郵便

はがきや封書を日本へ航空便で送る場合、約1週間かかる。送付先の住所や名前は英語で、国名「JAPAN」と「AIR MAIL」も英語で大きく書くこと。面倒でも中央郵便局まで持って行ったほうが早くて確実。小包は郵便局から郵便小包、EMS（世界共通の国際郵便システム）などで送ることができる。

ホーチミン市の中央郵便局（→P 65参照）

● 宅配便

DHL、FedExなどの国際宅配便が便利。通常、日本まで4～5日で届く。中央郵便局などに窓口があるほか、ホテルのフロントなどでも頼める。

ベトナムから日本へ送る場合の目安

内容	期間	料金
はがき	約1週間	1万5000VND
封書（20gまで）	約2週間	1万5500VND
小包（500gまで）	約1週間	55万VND

※小包はEMSの場合で、追加料金と10%の付加価値税（VAT）が別途必要。船便の場合は2～4週間が目安

DHL	☎028-38446203/18001530（hotline） （時）7～21時（受付8～19時）、土曜8～17時（受付～17時）　（休）日曜、祝日
FedEx	☎028-39480370/1800585835（hotline） （時）8～19時（受付～16時）、土曜8～17時（受付～16時）　（休）日曜、祝日

プチ情報 海外で携帯電話を使う際は利用料金に注意。使わないときはパケット通信を切るか、海外用定額サービスの利用を。

水とトイレとエトセトラ

● 水道水は飲める？

水道水は飲めない。高級レストラン以外では飲み物に入っている氷にも注意。ミネラルウォーターはベトナム国内産、外国からの輸入品も各種揃い、スーパーやコンビニで購入できる。

500mlのペットボトルは
1万VND前後～

● トイレに行きたくなったら？

市場やバスターミナルなどにある公衆トイレは和式に似た造りだが、汚いうえに有料なのでホテルやレストランで済ませておこう。紙を流せないトイレが多く、その場合は横に置かれたゴミ入れに捨てる。紙がない場合に備え、ティッシュも持参したほうが安心。

トイレのマークはさまざまだが、日本とさほど変わらない

● プラグと変圧器が必要です

電圧は220V(50Hz)が主流で、日本の電圧100V(50～60Hz)と異なるので変圧器が必要。変圧器内蔵製品はそのまま使える。プラグの形は日本と同じAタイプか、Cタイプ。AとCが1カ所で併用になっているコンセントが多い。

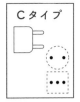

Cタイプ

● ビジネスアワーはこちら

ベトナムでの一般的な営業時間帯。店によって異なる。

ショップ	時8～21時	休なし
市場	時6～18時	休なし
レストラン	時11～14時、17～22時	休なし
カフェ	時6～23時	休なし
銀行	時8時～11時30分、 13～16時	休土・日曜

サイズを目安にお買物

下記は目安。ベトナムでは欧米サイズのほか、日本と同様のS、M、Lもある。メーカーによって異なるので必ず試着を。

○ レディスファッション

日本	衣料	7	9	11	13	15	靴	22	22.5	23	23.5	24	24.5
アメリカ		4	6	8	10	12		5	5 1/2	6	6 1/2	7	7 1/2
ヨーロッパ		36	38	40	42	44		35	36	36	37	38	39

○ メンズファッション

日本	衣料	XS	S	M	L	XL	靴	25	25.5	26	26.5	27	27.5
アメリカ		34	36	38	40	42		7	7 1/2	8	8 1/2	9	9 1/2
ヨーロッパ		44	46	48	50	52		40	41	42	43	44	45

ベトナムの物価

ミネラルウォーター (500ml) 1万VND前後	ハンバーガー (ロッテリア) 3万5000VND	コーヒー (喫茶店で) 4万VND	ビール (ジョッキ1杯) 3万5000VND	タクシー 小型初乗り 1万1000～ 1万2000VND

プチ情報　ベトナムでの長さ（cm、m）と、重さ（g、kg）の単位は日本と同じ。

ルール＆マナー

［観光］

●写真撮影について

観光地での写真撮影は原則的には自由だが、博物館や美術館では館内の撮影は禁止されているところが多い。ホーチミン市人民委員会庁舎前の歩道からの撮影も禁止されている。しかし、記念撮影のスポットとしても人気のため、少し離れた場所からの撮影は可能だ。

ホーチミン市人民委員会庁舎（→P64）

●たばこ事情は

国家禁煙週間があるほど喫煙に対して社会は厳しくなってきているが、マナーを守って喫煙すれば問題はない。寺社や博物館などの公共施設では、外に灰皿が置かれているところがあるので、その周囲で喫煙しよう。レストランなどの飲食店では、喫煙できるか否かを店員に確認したほうがいい。また購入する際は、コンビニやスーパーでは日本同様に箱単位だが、屋台ではベトナム産たばこを1本から販売している。

［グルメ］

●ドレスコードはある？

ベトナムでは、よほどの高級店でもない限り、フォーマルな服装で行く必要はない。テーブルマナーも堅苦しくないが、スープ類が入った器を手に持ってすする習慣はない。器はテーブルに置いたまま、スプーンですくって飲もう。

●お会計はテーブルで

食事が終わったら店員に合図してテーブルで支払いを。10%の付加価値税（VAT）と5%のサービス料がかかる場合も多いので、レシートの金額はしっかり確認を。チップは不要。近年はクレジットカードが利用できる店も多くなってきた。

●オシボリは有料

レストランの席に着くと目の前に置いてあるキンキンに冷えたオシボリ。首や顔を拭くと気持ちがいいのだが、これは有料だということに注意。大体ひとつ2000〜4000VNDぐらいする。

［ホテル］

●チェックイン／チェックアウト

チェックインは14時ごろ、チェックアウトは12時ごろが一般的。帰国便が夜遅い場合はレイトチェックアウトという手もある。通常別途料金が必要で、18時ごろまで客室が使える。チェックイン前やチェックアウト後にフロントで荷物を預けることもできる。

●チップは必要？

特にチップの習慣はないが、気持ち程度に渡してもよい。目安はポーターに荷物を運んでもらった場合やベッドメイキングに各1万VND程度。

●US＄で支払う場合は

ベトナムでは現在料金表示をVNDに統一しているが、一部のホテルやレストランではUS＄での支払いが可能。その場合レートは各ホテルやレストランで異なる。

［ショッピング］

●荷物は預けてお買い物

万引き防止のため、スーパーマーケットでは入口の脇にロッカー（無料）があり、係員が待機しているのが一般的。店内に入る前に荷物を預け、ロッカーのカギを受け取るか、係員に荷物を預け番号札をもらう。貴重品だけを入れられる小さい袋を持っていこう。

●値切るのもほどほどに

市場では値切って買い物をするのが基本だが、やみくもに値切れるわけではない。おおよそ最初の言い値の7〜8割が相場。ただしベンタイン市場など旅行者が多いところでは、最初に相当な高値を言ってくる場合もある。値切った後に買わないのはマナー違反なので注意。

●税金払戻し手続き

商品の購入時には10%の付加価値税（VAT）がかかる。指定店舗で外国人が規定の額の買い物をした場合、出国時にVATの払戻しが受けられる。詳細はURL www.gdt.gov.vn（英語）参照。

○払戻しの条件
・同日に同一店舗での購入総額が200万VND以上
・購入店が発行する付加価値税申請書と領収書（出国日から逆算して60日以内に発行）、パスポート、搭乗券、未使用の購入商品が必要

○払戻しの手順
出国後の搭乗ゲート付近にある専用カウンターで必要な書類と商品を提示し、還付手続を受ける。通常はUSドルで払い戻され、端数はVNDとなる。

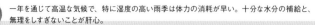

プチ情報　一年を通じて高温多湿な気候で、特に湿度の高い雨季は体力の消耗が早い。十分な水分の補給と、無理をしすぎないことが肝心。

トラブル対処法

ベトナムの治安は比較的よいが、スリや置き引きなどには注意。また、バイクによる引ったくり被害が多いので、荷物は体の正面や斜め掛けにして持つなどして、車道から離れたところを歩こう。

● 病気になったら

病気がひどくなったら、ためらわずに病院へ。救急車を呼ぶときは、☎115（警察 ☎113）。ホテルならフロントに連絡すれば、医師の手配をしてくれる。保険に加入している場合は、現地の日本語救急デスクへ連絡すると提携病院を紹介してくれる。また、海外の薬は体質に合わないことがあるので、普段から使いなれた薬を持参するとよい。

● 盗難・紛失の場合

○パスポート

パスポートを盗難された（紛失した）場合は、まず警察に行き盗難（紛失）証明書を発行してもらう。そして日本国大使館や日本国総領事館で失効手続き後、新規旅券の発行または帰国用の渡航書の申請をする。

○クレジットカード

不正使用を防ぐため、まずカード会社に連絡し、カードを無効にしてもらう。その後は、カード会社の指示に従おう。

● トラブル事例集

○背後から接近いてきたオートバイに、追い越しざまにバッグを引ったくられた。

⇒荷物は車道側に持たず、ショルダーバッグは斜め掛けに。また、貴重品や現金は分散してしまっておくと、万が一のときに被害が少なくてすむ。

○ホテルでチェックイン、アウトをする際、置き引きにあった。

⇒下に置いた荷物は足の間に挟み、ハンドバッグ類は抱えて持つなど、荷物から目を離さない。食事中などに椅子の背にかける上着やバッグにも注意。

○繁華街などで、流暢な日本語で親しげに話しかけられ、誘われるままにクラブなどに連れて行かれ、勘定の際に不当な金額を請求された。

⇒気軽に日本語で話しかけてくる人には、安易について行かないこと。飲み物なども口にしないように。

○中心部でもスピードを出す車が多く、危ない目に。

⇒横断歩道ではないところを決して横切らないこと。現地の人と一緒に渡るとよい。

行く前にチェック！

外務省海外安全ホームページで、渡航先の治安状況、日本人被害の事例を確認できる。
URL www.anzen.mofa.go.jp

旅の便利帳

［ベトナム］

● **在ベトナム日本国大使館（ハノイ）**
🏠27 Liễu Giai ☎024-38463000 ⏰8時30分～12時、13時30分～16時45分 休土・日曜、祝日、休館日 URL www.vn.emb-japan.go.jp 別冊MAP●P18A3
※入館には写真付き身分証明書が必要。

● **在ホーチミン日本国総領事館**
🏠261 Điện Biên Phủ, Q.3 ☎028-39333510 ⏰8時30分～12時、13時15分～16時45分 休土・日曜、祝日、休館日 URL www.hcmcgj.vn.emb-japan.go.jp 別冊MAP●P12B2
※入館には写真付き身分証明書が必要。

● **在ダナン日本国総領事館**
🏠Floor 4-5, Lot A17–18–19, Đường 2/9, Bình Thuận, Q. Hải Châu（領事窓口は4階から）☎0236-3555535 ⏰8時45分～11時45分、13時30分～16時45分 休土・日曜、祝日、休館日 URL www.danang.vn.emb-japan.go.jp 別冊MAP●P5D3
※入館には写真付き身分証明書が必要。

● **警察** ☎113 ● **消防車** ☎114
● **救急車** ☎115
● **カード会社緊急連絡先**
・VISA グローバル・カスタマー・アシスタンス・サービス
☎1-201-0288-888-710-7781
・JCB プラザ・ホーチミン・シティ
☎028-38291009
・アメリカン・エキスプレス・グローバル・ホットライン
☎65-6535-2209（シンガポール・センター）
・マスターカード・グローバル・サービス
☎120-11576

［日本］

○在日大使館・領事館
・駐日ベトナム社会主義共和国大使館
🏠東京都渋谷区元代々木町50-11
☎03-3466-3311
・在大阪ベトナム社会主義共和国総領事館
🏠大阪府堺市堺区市之町東4-2-15
☎072-221-6666
○主要空港
・成田国際空港インフォメーション
☎0476-34-8000
URL www.narita-airport.jp
・東京国際空港ターミナルインフォメーション（羽田空港）
☎03-57578111（国際線）
URL www.tokyo-haneda.com
・関西国際空港情報案内
☎072-455-2500
URL www.kansai-airport.or.jp
・セントレアテレホンセンター（中部国際空港）
☎0569-38-1195
URL www.centrair.jp

プチ情報　在ベトナム日本国大使館はベトナムの首都ハノイにある。ホーチミン市には在ホーチミン日本国総領事館があり、パスポートの紛失手続きなどができる。

Index

(140) □行きたい場所に✓を入れましょう　■行った場所をぬりつぶしましょう

	物件名	ジャンル	エリア	ページ	別冊MAP
フエ	□ホープ・ショップ	雑貨	フエ	P 55	P8B1
	□モック・ビエン	宮廷料理	フエ郊外	P 53	P4A1
	□ロイヤル	宮廷料理	フエ	P 52	P9D2
ニャチャン	□ヴィンワンダース・ニャチャン	テーマパーク	ニャチャン	P 59	P58A2
	□セイリング・クラブ・ニャチャン	カフェ	ニャチャン	P 59	P58A2
	□ダム市場	市場	ニャチャン	P 59	P58A1
	□ニャチャン大聖堂	教会	ニャチャン	P 59	P58A1
	□ネム・ヌーン・ニャチャン	ネムヌーン	ニャチャン	P 59	P58A2
	□ポーナガール塔	遺跡	ニャチャン	P 59	P58A1
ホーチミン	□アートブック	雑貨	ベンタイン市場周辺	P 82	P14B3
	□インターコンチネンタル・サイゴン	ホテル	1区北部	P 95	P13C2
	□ヴィンコム・センター	ショッピングモール	ドンコイ通り周辺	P 65	P15C2
	□ウィンマート	スーパーマーケット	ドンコイ通り周辺	P 89	P15C2
	□エクアトリアル	ホテル	5区	P 95	P12A4
	□オーワオ	雑貨	3区	P 83	P12B1
	□カトリーヌ・ドゥヌアル・メゾン	刺繍製品	1区北部	P 85	P14B2
	□カフェ・コー・バー	カフェ	ドンコイ通り	P 76	P15D3
	□カフェ・ドー・フー	カフェ	1区北部	P 77	P11C1
	□カラベル・サイゴン	ホテル	ドンコイ通り	P 95	P15C2
	□キム・タイン	カフェ	1区北部	P 72	P13C2
	□クチ（クチの地下トンネル）	史跡	ホーチミン市近郊	P 97	P11D3
	□クック・ガック・クアン	ベトナム料理	1区北部	P 78	P11C1
	□クック・バック・タン	チェー	1区北部	P 72	P11C1
	□クレイ・サイゴン	アジア料理	タオディエン地区	P 81	P10B2
	□グランド・サイゴン	ホテル	ドンコイ通り	P 95	P15D3
	□ケム・ボー・ヤー	アイスクリーム	3区	P 73	P12A1
	□健之家	フットマッサージ	ドンコイ通り周辺	P 91	P15C3
	□ゴッドマザー・ベイク・アンド・ブランチ	カフェ	ドンコイ通り	P 77	P15D3
	□コープ・マート	スーパーマーケット	3区	P 89	P12B2
	□コンチネンタル・サイゴン	ホテル	ドンコイ通り	P 95	P15C2
	□サイゴン・キッチュ	雑貨	ドンコイ通り周辺	P 82	P15C3
	□サイゴン・サイゴン・ルーフトップ・バー	バー	ドンコイ通り	P 65	P15C2
	□ザ・ヴィンテージ・エンポリウム	カフェ	タオディエン地区	P 81	P10A2
	□サイゴン・スカイデッキ	展望台	ドンコイ通り周辺	P 92	P15C4
	□ザ・デック	フュージョン料理	タオディエン地区	P 80	P10B2
	□ザ・レヴェリー・サイゴン	ホテル	ドンコイ通り	P 94	P15C3
	□ザ・ワークショップ	カフェ	ドンコイ通り周辺	P 98	P15D3
	□シークレット・ガーデン	ベトナム料理	パスター通り	P 65	P14B2
	□シェラトン・サイゴン・ホテル＆タワーズ	ホテル	ドンコイ通り	P 95	P15C2
	□ジー・マイ	ベトナム料理	ベンタイン市場周辺	P 71	P13C4
	□ズズ・コンセプト・ストア	カフェ	タオディエン地区	P 75	P10B2
	□スノーウィー	ジェラート	ドンコイ通り	P 73	P15C4
	□3Tカフェ・チュン	カフェ	ドンコイ通り	P 76	P15D2
	□スリ・タンディ・ユッタ・パニ寺院	寺院	トンタットティエップ通り	P 9	P15C3
	□聖母マリア教会	教会	ドンコイ通り周辺	P 65	P14B1
	□セン・スパ	スパ	1区北部	P 90	P13D2
	□ソフィテル・サイゴン・プラザ	ホテル	1区北部	P 95	P13C1
	□タン・ディン教会	教会	3区	P 8	P12B1
	□チェー・ゴイ・ヴィン・ロン	チェー	フーニュアン区	P 72	P11C1
	□中央郵便局	郵便局	ドンコイ通り周辺	P 65	P14B1
	□チュン・グエン・レジェンド	カフェ	ドンコイ通り	P 98	P15C3
	□トゥイー94	カニ料理	1区北部	P 71	P13C1
	□統一会堂	旧南ベトナム大統領官邸	1区北部	P 92	P14A2
	□トップ・ネイル	ネイル	1区北部	P 91	P11C1
	□トロワ・グルマン	フランス料理	タオディエン地区	P 81	P10B2
	□ナウナウ	コスメ	ドンコイ通り周辺	P 93	P15C3
	□ニッコー・サイゴン	ホテル	1区	P 95	P12A4
	□ニュー・ラン	バイン・ミー	ドンコイ通り周辺	P 67	P15C4
	□ニャー・ハン・ゴーン	ベトナム料理	ドンコイ通り周辺	P 93	P14B2
	□パーク・ハイアット・サイゴン	ホテル	ドンコイ通り周辺	P 94	P15C2
	□バイン・セオ46A	バイン・セオ	1区北部	P 67	P12B1
	□バイン・ミー362	バイン・ミー	1区北部	P 66	P13C1
	□ハナ・ベトナム	ブラ籠	タオディエン地区	P 85	P10A2
	□ハッパーズ	ブラ籠	1区北部	P 93	P15D1
	□バナナズ・ジュース・ショップ	ジュース	デタム通り周辺	P 73	P12B3
	□パン・クアン・カフェ	カフェ	ドンコイ通り周辺	P 77	P15C1
	□ビア・クラフト	バー	タオディエン地区	P 93	P10A2
	□ビストロ・ソン・ヴィ	フュージョン料理	タオディエン地区	P 80	P10A1
	□ビンタイ市場	市場	チョロン	P 92	P10A4

物件名	ジャンル	エリア	ページ	別冊MAP

□行きたい場所に✓を入れましょう　■行った場所をぬりつぶしましょう

ハノイ

ララチッタ
ベトナム
Vietnam

2023年8月15日	初版印刷
2023年9月1日	初版発行

編集人	井垣達廣
発行人	盛崎宏行
発行所	JTBパブリッシング
	〒135-8165
	東京都江東区豊洲5-6-36
	豊洲プライムスクエア11階

企画・編集	情報メディア編集部
取材・執筆・撮影	K&Bパブリッシャーズ
	GRAFICA(杉田憲昭／青木亜由美／
	Pham Nhu Hao／Pham Thi Mai Hue／
	Le Thanh Thuy／Nguyen Van Vi)
	迫田陽子／Nguyen Thanh Truong
本文デザイン	BEAM
	ME&MIRACO
	brücke
表紙デザイン・	
シリーズロゴ	ローグ クリエイティブ(馬場貴裕／西浦隆大)
編集・取材・写真協力	山田美恵／山本潮
	中田浩資／ブルーム／要(迫田龍)
	大池直人／高野有貴
	JTBベトナム
	ウエンディーツアーベトナム
	ゲッティイメージズ／123RF
地図制作	アトリエ・プラン
	ジェイ・マップ／アルテコ
印刷所	佐川印刷

編集内容や、乱丁、落丁のお問合せはこちら
JTBパブリッシング お問合せ 🔍
https://jtbpublishing.co.jp/contact/service/

おでかけ情報満載
https://rurubu.jp/andmore/

※続刊予定あり

ここからはがせます♪

Lala Citta Vietnam
Area Map

ベトナム
別冊MAP

MAP記号の見方

H ホテル　**卍** 寺院　**⛪** 教会　**✈** 空港　**Ⓟ** バス停

🏦 銀行　**📮** 郵便局　**✚** 病院　**✗** 警察　**◆** 学校、市役所

ベトナム全体図

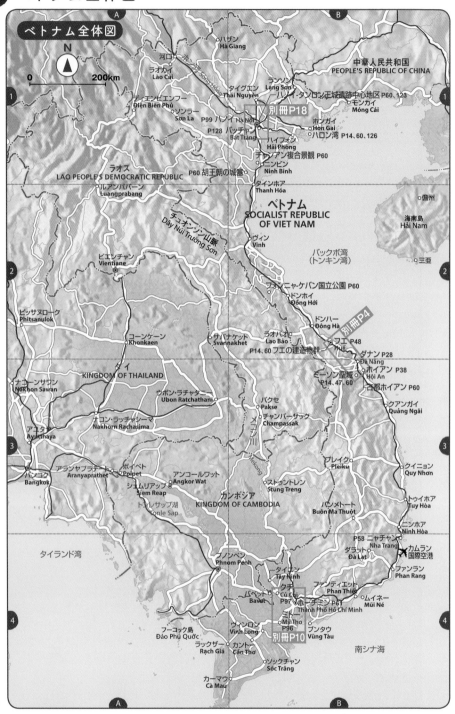

N

0　200km

河口
ハザン　Hà Giang
ラオカイ　Lào Cai
ディエンビエンフー　Điện Biên Phủ
タイグエン　Thái Nguyên
ソンラー　Sơn La　P99
ランソン　Lạng Sơn
ハイ・タンロン王城遺跡中心地区 P60、123
モンカイ　Móng Cái

中華人民共和国
PEOPLE'S REPUBLIC OF CHINA

別冊P18
ハノイ Hà Nội
P128 バッチャン　Bát Tràng
ハイフォン　Hải Phòng
ホンガイ　Hòn Gai
ハロン湾 P14、60、126
ホイアン複合景観 P60
ニンビン　Ninh Bình
胡王朝の城塞 P60
タインホア　Thanh Hóa

ラオス
LAO PEOPLE'S DEMOCRATIC REPUBLIC

ベトナム
SOCIALIST REPUBLIC
OF VIET NAM

ルアンパバーン
Luangprabang

ヴィン　Vinh

チュオンソン山脈
Dãy Núi Trường Sơn

海南島
Hải Nam

儋州

三亜

バックボ湾
（トンキン湾）

ビエンチャン
Vientiane

ピッサヌローク
Phitsanulok

フォンニャ・ケバン国立公園 P60
ドンホイ　Đồng Hới

コーンケーン
Khonkaen

サバナケット
Savannakhet

ドンハー　Đông Hà
ラオバオ　Lao Bảo
別冊P4
フエ　Huế　P48
P14、60 フエの建造物群
ダナン P28

タイ
KINGDOM OF THAILAND

ナコンサワン
Nakhon Sawan

ウボン・ラチャタニー
Ubon Ratchathani

パクセ　Pakse
チャンパーサック　Champassak

ミーソン聖域
P14、47、60
ホイアン P38
Hội An
古都ホイアン P60

コン・ラッチャシーマ
Nakhorn Rachasima

アユタヤ
Ayutthaya

バンコク
Bangkok

アランヤプラテート
Aranyaprathet

ポイペト
Poipet

シェムリアップ
Siem Reap

トンレサップ湖
Tonle Sap

アンコールワット
Angkor Wat

ストゥントレン
Stung Treng

プレイク
Pleiku

クアンガイ
Quảng Ngãi

クイニョン
Quy Nhơn

トゥイホア
Tuy Hòa

カンボジア
KINGDOM OF CAMBODIA

バンメトート
Buôn Ma Thuột

ニンホア
Ninh Hòa

タイランド湾

プノンペン
Phnom Penh

タイニン
Tây Ninh

クチ　P97
Củ Chi

バベット
Bavet

ホーチミン P61
Thành Phố Hồ Chí Minh

ミトー　P96
My Tho

別冊P10

P58 ニャチャン
Nha Trang
ダラット
Đà Lat
カムラン
国際空港

ファンティエット
Phan Thiết

ムイネー
Mũi Né

ファンラン
Phan Rang

フーコック島
Đảo Phú Quốc

ラックザー
Rạch Giá

ヴィンロン
Vinh Long

カントー
Cần Thơ

ソックチャン
Sóc Trăng

ブンタウ
Vũng Tàu

南シナ海

カーマウ
Cà Mau

エリア
Navi　ゆっくりと旅情を楽しむなら鉄道移動も魅力。ホーチミンとハノイを結ぶ南北路線をはじめ、ハノイと北西山間部を結ぶ路線などが人気。旧正月などはチケットの入手が困難になるので、早めに予約したい。

［ベトナム国内交通］

南北に長いベトナム国内の移動は、路線が多く移動時間も短い航空路線が便利。長距離バスも路線、本数ともに充実していて使いやすい。鉄道はバスよりも時間がかかるうえ、外国人にはチケット購入の難易度が高いが、のんびりと車窓を楽しみたい人にはおすすめ。

日本からの直行便も発着するダナン国際空港

飛行機

航空券は航空会社の公式サイトやオフィス、旅行会社などで購入できる。国内線はフライトのキャンセルや時間変更が多いため、日本からの予約はもちろん、現地購入の際もリコンファームした方がよい。フライト変更などの場合、航空券購入時に登録したメールアドレスや電話番号へ直接連絡が来ることも。国内線でもチェックイン時にパスポート必携。

ベトナム航空のほか、ベトジェット・エアなどのLCCも運航

○料金・運行間隔・所要時間目安
・ホーチミン市→ハノイ
毎日約30便。エコノミークラスで片道123万VND程度から。所要約2時間
・ハノイ→ダナン
毎日約22便。エコノミークラスで片道100万VND程度から。所要約1時間20分
・ホーチミン市→ダナン
毎日約18便。エコノミークラスで片道96万VND程度から。所要約1時間20分

○航空会社連絡先
●ベトナム航空　Vietnam Airlines　URLwww.vietnamairlines.com
☎19001100（全国共通）
[ホーチミン]　住15Bis Đinh Tiên Hoàng
時8時〜11時30分、13時30分〜17時　休日曜　（別冊MAP●P13C1）
[ハノイ]　住25 Tràng Thi　時8時〜11時30分、13時30分〜17時　休日曜　（別冊MAP●P22B1）
[ダナン]　住30 Điện Biên Phủ
時8時〜11時30分、13時30分〜17時　休なし　（別冊MAP●P4C2）

鉄道

利便性は決して高くないがファンも多い。特に、ハノイとホーチミン市を繋ぐ南北統一鉄道は人気が高い。座席、寝台とも、ハードとソフトの2種類のカテゴリーがある。

●ベトナム国鉄
Tổng Công Ty Đường Sắt Việt Nam
URLwww.vr.com.vn

○料金・運行間隔・所要時間目安
・ホーチミン市ーハノイ
毎日5〜6便。約76万〜306万VND。所要約32〜38時間
・ハノイーダナン
毎日3〜7便。約49万〜244万VND。所要約15時間30分〜17時間30分
・ホーチミン市ーダナン
毎日6〜7便。約49万〜229万VND。所要約16時間45分〜19時30分

○主要駅
[サイゴン駅]　住1 Nguyễn Thông　☎③ 19001520
（別冊MAP●P12A2）
[ハノイA駅]　住120 Lê Duẩn
☎024-73053053
（別冊MAP●P19C3）
[ハノイB駅]　住1 Trần Quý Cáp　☎024-73053053
（別冊MAP●P19C3）
[ダナン駅]　住202 Hải Phòng
☎0236-3823810
（別冊MAP●P4C2）

ツアーバス

全国をバス路線が網羅。特に現地旅行代理店が運営する「オープンツアーバス」とよばれる長距離バスがおすすめ。

○料金・運行間隔・所要時間目安
※以下はすべてフタバスラインの長距離バスの場合
・ダナンーホーチミン
毎日約8便19時〜19時ごろの間に1〜2時間間隔で運行。40万VND（変動あり）。所要約20時間
・ホーチミン市ーダナン
毎日約8便10時〜20時ごろの間に1〜2時間間隔で運行。40万VND（変動あり）。所要約20時間
・ハノイーダナン
毎日1便19時発、40万VND（変動あり）。所要約18時間
・ダナンーホーチミン
毎日約1便19時30分ごろ発、40万VND（変動あり）。所要約18時間

○現地旅行代理店
●フタバスライン/Futa Bus Lines
南部を中心に全国展開する現地大手バス会社。主要都市や各地方都市を結ぶツアーバスを毎日各方面に向けて運行している。長時間移動が必要な路線ではスリーピングバスも導入している。
URLhttps://futabus.vn
[ホーチミン]　住43 Nguyễn Cư Trinh　☎19006067
時24時間
休なし　（別冊MAP●P12B4）
[ハノイ]　住Bến Xe Giáp Bát, Giải Phóng　☎024-38641919
時6時30分〜20時　休なし（別冊MAP●P19C4）
[ダナン]　住Bến Xe Đà Nẵng, 97-99 Cao Sơn Pháo　☎0236-3786786
時6〜20時　休なし　（別冊MAP●P4C2）

中部全体図

フエ Huê
ティエン・ムー寺 P57
Chùa Thiên Mụ
モック・ビエン P53
Mộc Viên
ビルグリミッジ・ヴィレッジ・ブティック・リゾート＆スパ P27
Pilgrimage Village Boutique Resort & Spa
カイ・ディン帝廟 P57
Lăng Khải Định
トゥ・ドゥック帝廟 P57
Lăng Tự Đức
フーバイ国際空港
Cảng Hàng Không Quốc Tế Phú Bài
フー・バイ
Phú Bài

中部全体図

0　　10km

Đầm Hà Trung
Đầm Sam
Đầm Thủy Tú
Đầm Cầu Hai

南ベトナム海
Biển Đông Việt Nam

P26 ヴェダナ・ラグーン・リゾート＆スパ
Vedana Lagoon Resort & Spa
P22 バンヤン・ツリー・ランコー
Banyan Tree Lăng Cô
アンサナ・ランコー P23
Angsana Lăng Cô

トゥアティエン・フエ省
TỈNH THỪA THIÊN HUẾ

ランコー湾
Vịnh Lăng Cô
Vụng An Cư

ダナン直轄市
THÀNH PHỐ ĐÀ NẴNG

ハイヴァン峠
Đèo Hải Vân

ダナン湾
Vịnh Đà Nẵng

バーナーヒルズ P11, 33
Ba Na Hills
P19 インターコンチネンタル・ダナン・サン・ペニンシュラ・リゾート
InterContinental Danang Sun Peninsula Resort

ソンチャ半島

別冊P5
ダナン P28
Đà Nẵng

ハイアット・リージェンシー・ダナン・リゾート＆スパ
P10, 21 Hyatt Regency Danang Resort & Spa
P34 五行山
Ngũ Hành Sơn
P21 ナマン・リトリート
Naman Retreat

ミーソン聖域 P14, 47, 60
Thánh Địa Mỹ Sơn
P24 フォー・シーズンズ・リゾート・ザ・ナム・ハイ・ホイアン・ベトナム
Four Seasons Resort The Nam Hai, Hoi An, Vietnam

クアンナム省
TỈNH QUẢNG NAM

ホイアン P38, 60
Hội An

タインビン・ビーチ
Bãi Tắm Thanh Bình

ダナン駅
GA ĐÀ NẴNG
Trần Cao Vân
Hải Ph
ハイフォン
Nguyễn Tất Tr
Lê D

Điện Biên Phủ
ベトナム航空
フタバスラインへ
Futa Bus Lines

Nguyễn Văn
Nguyễn Thị Phương

ダナン国際空港
Cảng Hàng Không Quốc Tế Đà Nẵng

Nguyễn Hữu Th

エリア Navi ロン橋（D2）の東側たもとは大きな広場になっており、ライトアップされたロン橋を眺めながら夕涼みする恰好のスポット。川べりには巨大な鯉の登龍像もあり、地元の人に混ざって記念撮影するのもおすすめ。

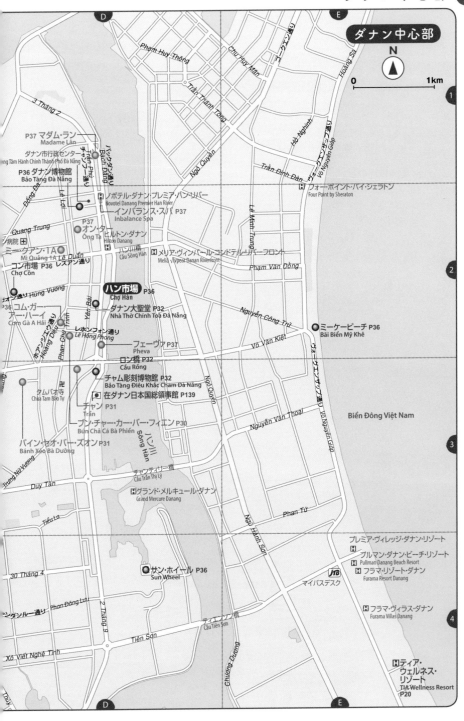

ダナン中心部

N

0   1km

- P37 マダム・ラン
  Madame Lân
- ダナン市行政センター
  Trung Tâm Hành Chính Thành Phố Đà Nẵng
- P36 ダナン博物館
  Bảo Tàng Đà Nẵng
- 3 Tháng 2
- Trần Phú
- Bạch Đằng
- バックダン通り　チャンフー通り
- ノボテル・ダナン・プレミア・ハン・リバー
  Novotel Danang Premier Han River
- インバランス・スパ P37
  Inbalance Spa
- P37 オン・タ
  Ông Tạ
- ビルトン・ダナン
  Hilton Danang
- ハン川橋
  Cầu Sông Hàn
- メリア・ヴィンパール・コンドテル・リバーフロント
  Melia Vinpear Danan Riverfront
- ミー・クアン・1A
  Mì Quảng 1A Lê Duẩn
- コン市場 P36
  Chợ Cồn
- 病院
- Quang Trung
- Đống Đa
- Lý Lai
- Ngô Quyền
- Trần Đình Đàn
- フォー・ポイント・バイ・シェラトン
  Four Point by Sheraton
- Phạm Huy Thống
- Chu Huy Mân
- Trần Thánh Tông
- Hoàng Sa
- Hà Nghình
- Võ Nguyên Giáp
- Lê Minh Trung
- Phạm Văn Đồng
- ハン市場 P36
  Chợ Hàn
- ダナン大聖堂 P32
  Nhà Thờ Chính Toà Đà Nẵng
- フェーヴァ P37
  Pheva
- ロン橋 P32
  Cầu Rồng
- チャム彫刻博物館 P32
  Bảo Tàng Điêu Khắc Cham Đà Nẵng
- 在ダナン日本国総領事館 P139
- チャン P31
  Trần
- ブン・チャー・カー・バー・フィエン P30
  Bún Chả Cá Bà Phiến
- バインセオ・バー・ズオン P31
  Bánh Xèo Bà Dương
- タムバオ寺
  Chùa Tam Bảo Tự
- ナオ通り Hùng Vương
- コム・ガー・アー・ハイ
  Cơm Gà A Hải
- ホアンジエウ通り Hoàng Diệu
- Phan Chu Trinh
- レホンフォン通り
  Lê Hồng Phong
- Yên Bái
- Nguyễn Công Trí
- Võ Văn Kiệt
- ミーケービーチ P36
  Bãi Biển Mỹ Khê
- Ngô Quyền
- Biển Đông Việt Nam
- Nguyễn Văn Thoai
- Sông Hàn
- ハン川
- Trưng Nữ Vương
- Duy Tân
- チャンティリー橋
  Cầu Trần Thị Lý
- グランド・メルキュール・ダナン
  Grand Mercure Danang
- Tiểu La
- サン・ホイール P36
  Sun Wheel
- 30 Tháng 4
- Phan Đăng Lưu
- 2 Tháng 9
- Phan Tứ
- Ngũ Hành Sơn
- Võ Nguyên Giáp
- プレミア・ヴィレッジ・ダナン・リゾート
- プルマン・ダナン・ビーチ・リゾート
  Pullman Danang Beach Resort
- JTB
- マイバスデスク
- フラマ・リゾート・ダナン
  Furama Resort Danang
- フラマ・ヴィラス・ダナン
  Furama Villas Danang
- ティエンソン橋
  Cầu Tiên Sơn
- テンダンルー通り
- Tiên Sơn
- Xô Viết Nghệ Tĩnh
- Chương Dương
- ティア・ウェルネス・リゾート P20
  TIA Wellness Resort

凡例:
● 観光スポット ● レストラン・カフェ ● ショップ ● ナイトスポット ● ビューティースポット Ｈ ホテル

ホイアン中心部

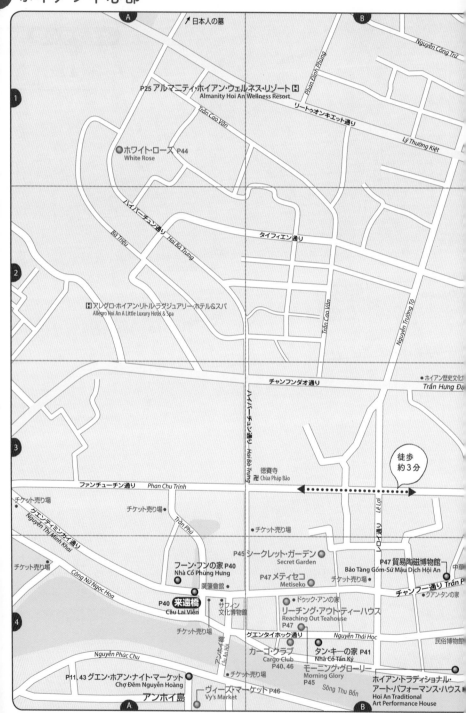

↗日本人の墓

Nguyễn Công Trứ

Phan Đình Phùng

P25 アルマニティ・ホイアン・ウェルネス・リゾート H
Almanity Hoi An Wellness Resort

リートゥオンキエット通り

Trần Cao Vân

Lý Thường Kiệt

●ホワイト・ローズ P44
White Rose

ハイバーチュン通り
Hai Bà Trưng

Bà Triệu

タイフィエン通り

Trần Cao Vân

Nguyễn Trường Tộ

H アレグロ・ホイアン・リトル・ラグジュアリー・ホテル&スパ
Allegro Hoi An A Little Luxury Hotel & Spa

チャンフンダオ通り

●ホイアン歴史文化
Trần Hưng Đạo

徒歩
約3分

ハイバーチュン通り
Hai Bà Trưng

卍德賽寺
Chùa Pháp Bảo

Lê Lợi

ファンチューチン通り　Phan Chu Trinh

チケット売り場
● チケット売り場

チケット売り場
Nguyễn Thị Minh Khai

Trần Phú

● チケット売り場

Công Nữ Ngọc Hoa

チケット売り場

P45 シークレット・ガーデン
Secret Garden

P47 貿易陶磁博物館
Bảo Tàng Gốm-Sứ Mậu Dịch Hội An

中華

フーン・フンの家 P40
Nhà Cổ Phùng Hưng

廣肇會館 ●

P47 メティセコ
Metiseco

チケット売り場 ●

チャンフー通り Trần Phú

P40 来遠橋
Cầu Lai Viễn

サフィン
文化博物館

● ドゥック・アンの家
リーチング・アウト・ティーハウス
Reaching Out Teahouse
P47

● クアン・タンの家

グエンタイホック通り

Nguyễn Thái Học

民俗博物館

チケット売り場

Nguyễn Phúc Chu

カーゴ・クラブ
Cargo Club
P40, 46

タン・キーの家 P41
Nhà Cổ Tấn Ký

モーニング・グローリー
Morning Glory
P45

ホイアン・トラディショナル・
アート・パフォーマンス・ハウス
Hoi An Traditional
Art Performance House

P11, 43 グエン・ホアン・ナイト・マーケット
Chợ Đêm Nguyễn Hoàng

アンホイ島

ヴィーズ・マーケット P46
Vy's Market

Sông Thu Bồn

6

ホイアンの旧市街の夜は早く、20時を過ぎると多くの店が閉まってしまう。アンホイ島（A4）の川沿いにあるバーや
レストランは比較的夜遅くまで開いているので、ナイト・マーケットと合わせて夜はアンホイ島を楽しみたい。

N

0 100m

スタジアム
Sân Vận Động

リートゥオンキエット通り
Lý Thường Kiệt

Thái Phiên

Ngô Gia Tự

Phạm Hồng Thái

リーダイトー通り
Lý Thái Tổ

H ホイアン・ヒストリック
郵便局 ⊤

病院

Trần Hưng Đạo

チャンフンダオ通り

Cửa Đại

グエンズイヒエウ通り
Nguyễn Duy Hiệu

バー・ブオイ P46
Bà Buội

グエンフエ通り
Nguyễn Huế

Hoàng Diệu

Phan Chu Trinh

チケット売り場

ツーリスト・インフォメーション・センター

P45 ミス・リー
Miss Ly

福建會館 P41
Hội Quán Phúc Kiến

クアンコン廟

潮州會館 P41
Hội Quán Triều Châu

チケット売り場

ホイアン市場通り

Trương Minh Lương

ファンボイチャウ通り

Phan Bội Châu

H アナンタラ・
ホイアン・リゾート P25
Anantara Hoi An Resort

Trần Quý Cáp

Tiểu La

ホイアン市場 P42
Chợ Hội An

Huyền Trần Công Chúa

カームナム橋
Cầu Cẩm Nam

バックダン通り Bạch Đằng

トゥボン川

フエ中心部

徒歩
約3分

タックハン通り

旧市街

● ホープ・ショップ P55
Hope Shop

スパテ
ダイナ
ホテル

和平門
Cửa Hòa Bình

顕仁
Cửa Hiển Nh

グエン朝王宮
Đại Nội　　　　P14、50

閲是堂 P51
Duyệt Thị Đường

P51 右廡・左廡
Hữu Vu ✕ Tả Vu

太和殿 P51
Điện Thái Hòa

午門 P50
Ngọ Môn

彰徳門
Cửa Chương Đức

世祖廟 P51
Thế Tổ Miếu

顕臨閣 P51
Hiển Lâm Các

P50　フラッグ・タワー
Kỳ Đài

クアンドッ
Cửa Quảng Đứ

● P53 イー・タオ・ガーデン
Y Thao Garden

ダンチャンコン
Đặng Trần Côn
オンイックキエム通り
Ông Ích Khiêm

ニャド門
Cửa Nhà Đồ

● アンシエント・フエ・
ガーデン・ハウセズ P52
Ancient Hue Garden Houses

Sông Hương

P57 アゼライ・ラ・レジデンス・フエ
Azerai La Residence Hue

フエ駅
GA HUÉ

N

0　　　200m

エリア Navi 阮朝王宮（B2）やカイ・ディン帝廟、トゥ・ドゥック帝廟（P20A1）などの寺院内は日差しを遮るものが少なく、徒歩での移動距離も長い。乾期の中部の日差しは強く、日中の気温も高くなるため、日傘や帽子、水分補給の準備は忘れずに。

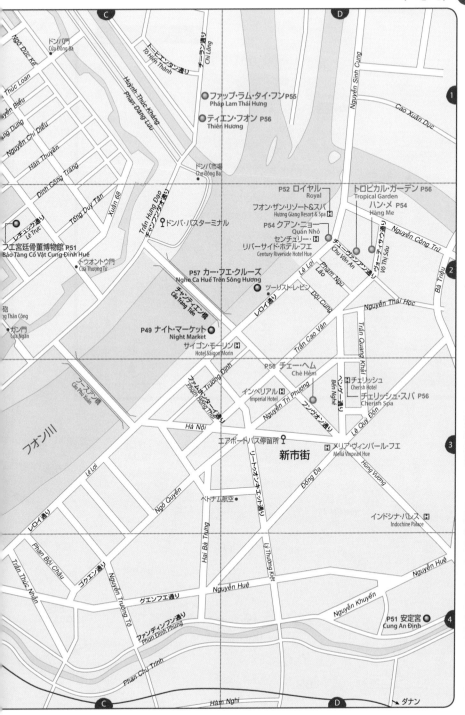

ファップ・ラム・タイ・フン P55
Pháp Lam Thái Hưng

ティエン・フオン P56
Thiên Hương

ドンバ市場
Chợ Đông Ba

P52 ロイヤルー
Royal

トロピカル・ガーデン P56
Tropical Garden

フオン・ザン・リゾート&スパ
Hương Giang Resort & Spa

ハン・メ P54
Hàng Me

P54 クアン・ニョー
Quán Nhỏ

センチュリー・
リバーサイド・ホテル・フエ
Century Riverside Hotel Hue

フエ宮廷骨董博物館 P51
Bảo Tàng Cổ Vật Cung Đình Huế

トゥオントゥ門
Cửa Thượng Tứ

P57 カー・フエ・クルーズ
Nghe Ca Huế Trên Sông Hương

チャンティエン橋
Cầu Trang Tiền

ツーリスト・レ・ビン
Đội Cung

P49 ナイト・マーケット
Night Market

サイゴン・モーリン
Hotel Saigon Morin

ガン門
Cửa Ngăn

P58 チェー・ヘム
Chè Hẻm

フーズアン橋
Cầu Phú Xuân

インペリアル
Imperial Hotel

チェリッシュ
Cherish Hotel

チェリッシュ・スパ P56
Cherish Spa

フォン川

ハノイ
Hà Nội

エアボートバス停留所

新市街

メリア・ヴィンパール・フエ
Meliá Vinpearl Hue

ベトナム航空

インドシナ・パレス
Indochine Palace

P51 安定宮
Cung An Định

ダナン

ハムギ
Hàm Nghi

●観光スポット ●レストラン・カフェ ●ショップ ●ナイトスポット ●ビューティースポット Ｈホテル 　9

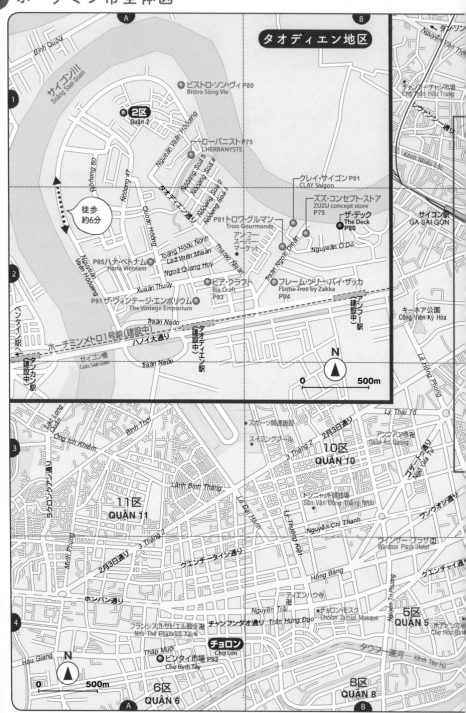

タオディエン地区

サイゴン川
Soâng Saøi Goøn

Binh Quou

Bistro Sông Vie
ビストロ・ソン・ヴィ P80

2区
Quận 2

L'HERBANYSTE
ローバニスト P75

Nguyeãn Vaên Höôûng

Noüong Soaù 5
Noüong Soaù 4
Noüong Soaù 2
Noüong Soaù 1

Quoác Höông

タオディエン通り

CLAY Saigon
クレイ・サイゴン P81

ZUZU concept store P75
ズズ・コンセプト・ストア

The Deck P80
ザ・デック

Trois Gourmands
トロワ・グルマン P81

アンフー・スーパー・マーケット

Traàn Ngoïc Dieân

Nguyeãn Ô Da

徒歩
約6分

サイゴン駅
GA SAIGON

Hana Vietnam
ハナ・ベトナム P85

Toaûng Hoøuu Noïnh
Leâ Vaên Mieân
Ngoá Quang Huy

Thaïo Nguyeân

Xuaân Thuûy

Bia Craft
ビア・クラフト P93

Flame Tree by Zakka
フレーム・ツリー・バイ・ザッカ P84

キーホア公園
Công Viên Kỳ Hòa

Nguyeãn Vaên Höôûng

The Vintage Emporium
ザ・ヴィンテージ・エンポリアム P81

ベンタイン駅へ

アンフー駅（建設中）

Traàn Naõo

ホーチミンメトロ1号線（建設中）
ハノイ大通り

タンカン駅（建設中）

サイゴン橋
Caàu Saøi Goøn

タオディエン駅
（建設中）

Traàn Naõo

N

0 ____ 500m

Ly Thai To

スポーツ関連施設
スイミングプール

2月3日通り

10区
QUẬN 10

Chùa Ấn Quang
アンクアン寺

Ngô Gia Tự
ニゴザート通り

Laïc Long Quaân
Oâng Ích Khieâm

Bình Thới

Lãnh Bình Thăng

11区
QUẬN 11

Lê Đại Hành

サンヤット競技場
Sân Vận Động Thống Nhất

Minh Phụng

3 Tháng 2

Nguyễn Chí Thanh

Hồng Bàng

Windsor Plaza Hotel
ウィンザー・プラザ 🅷

グエンチャイ通り

2月3日通り

グエンチータイン通り

ティエンハウ寺

フンブオン通り

ホンバン通り

Nguyễn Trãi

Choloon Jamial Mosque
チョロンモスク

Trần Hưng Đạo

5区
QUẬN 5

Chợ Hòa Bình
ホアビン市場

フランシスコ・ザビエル教会 ✝
Nhà Thờ Phanxicô Xaviê

チャンフンダオ通り

チョロン
Chợ Lớn

タウフ運河
Kênh Tàu Hủ

Hậu Giang

Tháp Mười

N

0 ____ 500m

ビンタイ市場 P92
Chợ Bình Tây

6区
QUẬN 6

8区
QUẬN 8

エリア Navi 朝の8時前後と夕方17～19時ごろは通勤ラッシュでかなりの渋滞になることが多い。この時間帯にタクシーで移動をする場合は、時間に余裕をもって行動を。

ホーチミン市中心部

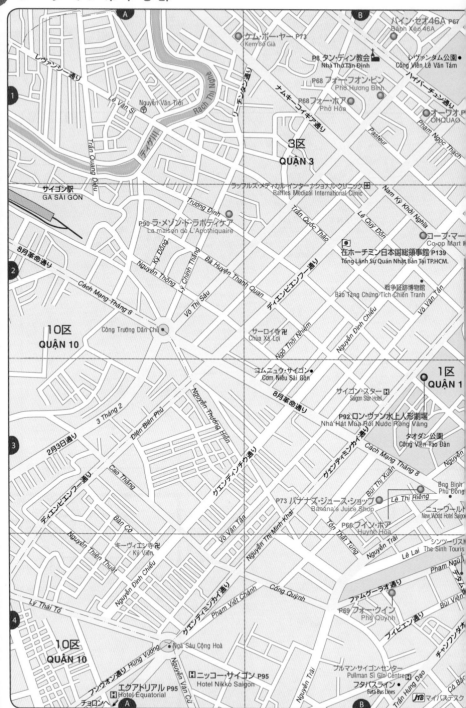

バイン・セオ46A P67
Bánh Xèo 46A

ケム・ボー・ヤー P73
Kem Bơ Già

P8 タン・ディン教会
Nhà Thờ Tân Định

レ・ヴァンタム公園
Công Viên Lê Văn Tám

ハイバー・チュン通り

P68 フォー・フオン・ビン
Phở Hương Bình

P68 フォー・ホア
Phở Hòa

オーワオ P
OHQUAO

レ・ヴァン・シー通り
Lê Văn Sĩ

グエン・ヴァン・チョイ
Nguyễn Văn Trỗi

ラクティガ川
Rạch Thị Nghè

3区
QUẬN 3

Pasteur

Phạm Ngọc Thạch

Trần Quang Diệu

サイゴン駅
GA SÀI GÒN

ラッフルズ・メディカル・インターナショナル・クリニック
Raffles Medical International Clinic

Nam Kỳ Khởi Nghĩa

P90 ラ・メゾン・ド・ラポティケア
La maison de L'Apothiquaire

Trương Định

Trần Quốc Thảo

Lê Quý Đôn

コープ・マー
Co-op Mart

8月革命通り

Kỳ Đồng

Lý Chính Thắng

Bà Huyện Thanh Quan

在ホーチミン日本国総領事館 P139
Tổng Lãnh Sự Quán Nhật Bản Tại TP.HCM.

Cách Mạng Tháng 8

Nguyễn Thông

Võ Thị Sáu

ディエンビエンフー通り

戦争証跡博物館
Bảo Tàng Chứng Tích Chiến Tranh

Võ Văn Tần

10区
QUẬN 10

Công Trường Dân Chủ

サーロイ寺
Chùa Xá Lợi

Ngô Thời Nhiệm

Nguyễn Đình Chiểu

コムニュウ・サイゴン
Cơm Niêu Sài Gòn

8月革命通り

サイゴン・スター
Saigon Star Hotel

1区
QUẬN 1

3 Tháng 2

Điện Biên Phủ

Nguyễn Thượng Hiền

P92 ロン・ヴァン水上人形劇場
Nhà Hát Múa Rối Nước Rồng Vàng

タオダン公園
Công Viên Tao Đàn

Cách Mạng Tháng 8

Cao Thắng

グエンティミンカイ通り

Băng Bình
Phù Đổng

2月3日通り

グエンティンチウ通り

Bùi Thị Xuân

Lê Thị Riêng

ニューワールド
New World Hotel Saigon

ディエンビエンフー通り

Bàn Cờ

Võ Văn Tần

P73 バナナズ・ジュース・ショップ
Banána's Juice Shop

P66 フイン・ホア
Huỳnh Hoa

Nguyễn Trãi

Lê Lai

シンツーリス
The Sinh Touris

キーヴィエン寺
Ký Viên

Nguyễn Thiện Thuật

Nguyễn Đình Chiểu

Nguyễn Thị Minh Khai

Tôn Thất Tùng

Phạm Ngũ

Cống Quỳnh

ファムグーラオ通り

ブイ・ヴィエン

Lý Thái Tổ

Phạm Viết Chánh

P69 フォー・クイン
Phở Quỳnh

ブイビエン通り

チャンフンダオ

10区
QUẬN 10

グエンティンカイ通り

Ngã Sáu Cộng Hòa

Nguyễn Trãi

プルマン・サイゴン・センター
Pullman Saigon Centre

Trần Hưng Đạo

Cô Bắc

フンヴオン通り Hùng Vương

ニッコー・サイゴン P95
Hotel Nikko Saigon

フタバスライン
futa Bus Lines

マイバスデスク

エクアトリアル P95
Hotel Equatorial

フンヴオン通り Hùng Vương

Nguyễn Văn Cừ

チョロンへ

エリア
Navi

タオダン公園（B3）に面したグエンティミンカイ通りには、昼から夕方ごろまで飲食屋台が数多く出ている。
屋台ごはんを調達して、公園でひと休みするのも楽しい。

ドンコイ通り周辺

N

0 100m

周辺図は別冊P12参照

クエンティミンカイ通り

ハイ・バーチュン通り

ナムキー・コイギア通り

レズアン通り

P65 聖母マリア教会
Nhà Thờ Đức Bà

入口

入口

聖母マリア像

中央郵便局 P65
Bưu Điện Thành P

モビ・フォン

P74 ルナム・ドール
RuNam d'Or

プロパガンダ P64、83
Propaganda

P85 リベ
LIBÉ

P85 カットリーヌ・ドゥヌアル・メゾン
Catherine Denoual Maison

P65 シークレット・ガーデン
Secret Garden

P93 ニャー・ハン・ゴーン
Nhà Hàng Ngon

クエンズー通り

統一会堂 P92
Dinh Thống Nhất

バック・トゥン・ジェップン
公園

リートゥチョン通り

ホーチミン市博物館

P64 ホーチミン市
人民委員会庁舎
UBND Thành
Phố Hồ Chí Minh

レックス D

タオダン公園
Công Viên Tao Đàn

ホーチミン市音楽学院
Nhạc Viện Thành Phố Hồ Chí Minh

クエンチュンチュック通り

P93 レ・ハン
Le'Hang

ハイ・バーチュン通り

レタントン通り

ノーフォーク

P93 メゾン・ド・ブンガ
Maison de Bunga

P82 アートブック
Artbook

チュンティン通り

タンビン
Thanh Bình

リーアンスン通り

ベンタイン市場夜店屋台街

ベンタイン市場
Chợ Bến Thành
P64、86

レロイ通り

レロイ通り

サイゴン・スクエア

ナムキー・コイギア通り

徒歩
約3分

ベンタイン駅
(建設中)

フィントゥックカン通り

ニューワールド・ホテル・サイゴン
New World Hotel Saigon

ABタワー

(工事中)

ベンタイン・バスターミナル

ハムギー通り

エリア
Navi
上記マップのエリア内は、端から端まで歩いても30分ほどなので、充分歩いて回れる範囲。ただし、厳しい暑さの中を歩く場合は、水分補給を忘れずに。

ホーチミン市内交通

驚くほどのバイク交通量

トゥドゥック区、2区、9区が合併し「トゥドゥック市」が設立されたことにより、ホーチミン市は16区、新都市1市、郊外県5県になった。ドンコイ通り周辺の1区が観光の中心となる。ホーチミンではメトロの開通も控えており、バス以外の交通機関が増える予定だ。メトロ開通までは基本、徒歩かタクシーで移動する。

街のまわり方

●住所表記にルールあり

住所は通り名と番地で表される。番地は通りを挟んで左右に奇数、偶数に分かれ、番号順に並ぶ。「12/34」など番号が「/」で区切られる場合は、12番地にある路地内の34号を指す。

●道の渡り方

信号のないところでは車に注意し、ゆっくりと一定の速度で渡るのがコツ。中心部の主要交差点では、緑色の制服を着たツーリストガードが一緒に渡るなど手助けしてくれる。

●交通渋滞

朝8〜10時ごろになると慢性的な交通渋滞がおこる。通常の倍程度の時間がかかるため、時間に余裕をもった行動を。サッカーの国際試合などのイベント日は市内の交通が麻痺する。

タクシー

 Taxi タックシー

空港への往復や街なかの移動など、最もよく利用する交通機関。白色や緑色など会社ごとに車体の色が異なり、料金はメーター制。流しのほか、ホテルやショッピングセンター、観光地などの前で客待ちするものも多い。

○料金

車体の大きさや会社により乗車賃は異なる。通常初乗り500mで1万1000VND程度。1kmごとに約1万7600VNDが加算される。

○主な観光スポット間の所要時間/料金目安

- 市民劇場⇔ベンタイン市場…5分/2万5000VND
- 市民劇場⇔デタム通り…10分/3万5000VND
- 市民劇場⇔チョロン…25分/14万VND
- 市民劇場⇔統一会堂…5分/3万VND
- 市民劇場⇔2区…25分/14万VND

注意ポイント

○ベンタイン市場など観光地の前では白タクが客待ちしている。正規タクシー会社の色やロゴを模した車も多く、車体に書かれた電話番号で正規タクシーかどうか確認を。
○土地勘のない旅行者の場合、わざと道を遠回りされる場合がある。地図を参考に目的地につく道順を確認しながら利用しよう。
○メーターの料金表示は各社異なり、わかりにくいため、法外な料金を要求されることがある。またメーターを使わず料金交渉を持ちかけられた場合は、毅然とした態度で乗車を拒否すること。

困った時のひと言

これを覚えれば安心！

この住所へ行ってください
Đi đến địa chỉ này.
ディー　デン　ディア　チー　ナイ

ここで止めてください
Dừng ở đây.
ユン　アー　ダイ

急いでください
Chạy nhanh giùm tôi.
チャイ　ニャン　ユーム　トイ

料金がメーターと違います
Giá không đúng với đồng hồ.
ヤー　コン　ドゥン　ヴァイ　ドン　ホー

プチ情報　在ホーチミン日本国総領事館のWebサイト（→本誌P139）では、目的地やタクシー会社名、車体番号を控えられる「ぼったくりタクシー防止カード」が掲載されている。プリントアウトして利用しよう。

●タクシーに乗ってみよう

周囲にタクシーが見つからない場合は、電話で呼び寄せられる。オペレーターは英語も話せる。

1 空車を拾う

空車を示すサインのない車体が多いため、流しのタクシーは乗客の有無を目で確認し、手を挙げて止める。観光地などにはタクシー会社の配車係がいる場合もある。

2 乗車する

ドアはすべて手動、開閉は自分で行う。近年は英語が通じるドライバーも増えているが、目的地の住所を書いたメモや、「ぼったくりタクシー防止カード」（欄外）を見せるのが確実。

3 車内で

車が動き出したらメーターが動いているか確認を。忘れ物や支払い時のトラブルがあった際に乗車した車を特定できるため、フロントグラス上部に記された車体番号をメモに控えておく。

4 支払い＆下車

メーターの額を支払う。料金数字は1000の単位。「17」または「17.0」の場合は1万7000VNDとなる。チップは不要。空港への行き帰りは空港使用料として1万VNDが加算される。

メトロ
Xe Điện ngầm
セディエン ナム

1号線（ベンタイン駅〜新東部バスターミナル駅）が2023〜2024年開通予定で、中心部から近年人気が高まるタオディエン地区へ行きやすくなる。2023年6月現在、詳細は未定。メトロの乗り方は（→別冊P25）を参考にしよう。別冊P25の情報はハノイ2A号線の情報のため、他の路線は異なる場合がある。最新情報を要確認。

ホーチミン市メトロ路線図

路線バス
Xe Buýt
セーブイッ

ベンタイン市場前のバスターミナルを中心に、市内各所に多くの路線が運行している。白と緑、青単色のものなど車体の色はさまざま。観光客には乗りこなすのは難しいので、便利な路線だけ覚えておこう。

○料金

路線によって異なり、6000〜7000VND程度。市内中心部の移動ならすべてこの範囲。料金は乗車時に運転手横のボックスに入れるか、車内で車掌からチケットを買う。

○運行間隔・時間

路線によって異なるが、5時〜20時30分ごろまで約10〜30分間隔で運行している。時刻表はないが、主要路線では乗り遅れてもすぐに次のバスがくるので、あわてず次のバスを待とう。

○観光に使える便利な1番バス

青色の車体で、サイゴン川そばのメリン広場周辺と、5区のチョロン・バスターミナルを結ぶ。ドンコイ通り周辺、ベンタイン市場、デタム通り、チョロンへの移動に便利。

注意ポイント

停留所やバスターミナルに到着しても完全に停車しない場合がある。車が止まっているのを確かめてから乗降すること。

トラブルに注意！

○バイクタクシー
Xe Ôm　セ オム

交差点や観光地前に多いが、事故や料金トラブルも多い。ベンタイン市場前にいる青色の制服を着た人々はバイクタクシーの組合員で比較的安全だが、できる限り利用は控えよう。

○シクロ
Xích Lô　シックロー

ベトナム名物の人力三輪車。中心街への乗り入れは禁止されており、料金トラブルの被害も多い。どうしても乗りたい場合は、シクロ乗車が組み込まれたツアーに参加しよう。

17

ハノイ全体図

ハノイ郊外

N

0 ━━━━ 10km

ノイバイ国際空港
Cảng Hàng Không Quốc Tế Nội Bài

ザ・リパブリック P123
The Republic

インターコンチネンタル・
ハノイ・ウエストレイク P124
Intercontinental Hanoi Westlake

P118 アンナム・グルメ
ANNAM GOURMET

ホン川

P125 シェラトン・ハノイ
Sheraton Hanoi Hotel

タイ湖

ハノイ全体図

民族学博物館

タイ寺へ

ハノイ

P128 バッチャン陶芸博物館
Bảo tàng gốm Bát Tràng

P128 バッチャンコンサベーション
Bát Tràng Conservation

JWマリオット・
ハノイ P125
JW Marriott Hanoi

香寺へ

バッチャン
Bát Tràng

N

0 ━━━━ 500m

タイ湖
Hồ Tây

オクトーバー・ラウンジ・コーヒー&スタジオ P123
October Lounge, Coffee&Studio

トゥイクエ通り Thụy Khuê

ホアンホアタム通り Hoàng Hoa Thám

別冊P24

バーディン区
QUẬN BA ĐÌNH

ドイカン通り Đội Cấn

Van Phúc

P121 トップ・オブ・ハノイ
Top of Hanoi
ロッテ・ホテル・ハノイ

WHO

在ベトナム日本国大使館 P139
Đại Sứ Quán Nhật Bản Tại Việt Nam

スウェーデン
大使館

Kim Mã

キムマー・
バスターミナル

P119 ゼンノバ
Zennova

P125 ハノイ・デーウー
Hanoi Daewoo Hotel

キムマー通り

キムマー駅
(建設中)

Nhị Trúc

カウザイ駅
(建設中)

ハノイメトロ3号線(建設中)

Nguyễn Chí Thanh

Liễu Giai

Trần Huy Liệu

Ngọc Khánh

チャンフイリエウ通り

ザンボー通り

ザンボー湖
Hồ Giảng Võ

ハノイ
Hanoi Hotel

Giảng Võ

カットリン駅

カットリン通り

カウザイバスターミナルへ

La Thành

Nguyễn Công Hoan

Claridge's

Hào Nam

ラタイン通り La Thành

Chùa Láng

Thành Công

Nguyễn Hồng

フォーチュナ・ホテル・ハノイ
Fortuna Hotel Hanoi

ラタイン通り La Thành

Láng Hạ

アメリカ大使館

Phào Đài Láng

Nguyễn Chí Thanh

Huyền Thúc Kháng

Hồ Thành Công

ドンダー湖
Hồ Đống Đa

ハノイメトロ2A号線

Đặng Tiến Đông

Nguyễn Lương Bằng

ドンダー区
QUẬN ĐỐNG ĐA

  エリア Navi　交通量は多いが大通りでも信号は少ないため、横断する際はドライバーとアイコンタクトを取りながら、ゆっくり歩くのがコツ。焦って走るとかえって事故につながるので注意を。

チャンクオック寺卍
チャンニャン通り
Thanh Niên

Ｈ バン・パシフィック・ハノイ P125
Pan Pacific Hanoi
JTB マイバスデスク

P106 フォー・クオン31
Phở Cuốn 31

チュックバック湖
Hồ Trúc Bạch

タイホー区
QUẬN TÂY HỒ

ロンビエン区
QUẬN LONG BIÊN

鎮武観

クアンタイン通り Quán Thánh

ファンディンフン通り
Phan Đình Phùng

P108 ゲム・カラメン・ズオン・ホア
Kem Caramen Đường Hoa

ロンビエン・
バスターミナル

ロンビエン橋
Cầu Long Biên

別冊P20-21

ハンザウ通り
Hàng Đậu

ロンビエン駅

P60, 122 タンロン遺跡
Hoàng thành Thăng Long

ホーチミン廟
Lăng Chủ Tịch
Hồ Chí Minh
P102

バーディン広場
Quảng Trường Ba Đình

P113 ドンスアン市場
Chợ Đồng Xuân

チュオンズオン橋
Cầu Chương Dương

ホン川(紅河)
Sông Hồng

ハノイ城 P60, 122
Thàng Cổ Hà Nội

S.V.Đ
Cột Cờ

ホアンキエム区
QUẬN HOÀN KIẾM

レーニン像

Trần Phú

Điện Biên Phủ

Hàng Bông

ホアンキエム湖 P102
Hồ Hoàn Kiếm

ホアンタイホック通り
Nguyễn Thái Học

博物館
S.V.Đ
Hà Nội

バオ・ミャウ駅
(建設中)

文廟 P122
Văn Miếu

Nguyễn Khuyến

P103 ハノイ大教会
Nhà Thờ Lớn Hà Nội

ハノイB駅

Quốc Tử Giám

Tôn Đức Thắng

Trần Quý Cáp

ハノイA駅
GA HÀ NỘI

Tràng Thi

ハイバーチュン通り Hai Bà Trưng

ベトナム航空

ソフィテル・レジェンド・メトロポール・ハノイ
Sofitel Legend Metropole Hanoi

Quán Sứ

リートゥンキエット通り

3

歴史博物館
Bảo Tàng Lịch Sử

Tràng Tiền
チャンティエン通り

オペラハウス

Hồ Linh Quang

カンボジア大使館

チャンフンダオ通り

Lý Thường Kiệt

Văn Chương

ラオス大使館

Lê Duẩn

クエンズー通り

Nguyễn Du

ティエンクアン湖
Hồ Thiền Quang

Trần Hưng Đạo

Hàng Bài

Lê Văn Hưu

Hàn Thuyên

4

カムティエン通り
Khâm Thiên

Ｈ ホテル・ドゥ・パルク・ハノイ
Hôtel du Parc Hanoi

Trần Nhân Tông

P122 ホム市場
Chợ Hôm

統一公園
Công Viên Thống Nhất

別冊P22-23

フタバスラインへ
Futa Bus Lines

ハノイ旧市街

Phan Đình Phùng

北門

ファンディンフン通り

Quán Thánh

後楼

タンロン遺跡 P60、122
Hoàng Thành Thăng Long

国家計画投資省

敬天殿

P115 ハイフォン・ホーロー＆アルミウエア
Sắt Tráng Men Nhôm Hải Phòng

ハンマー通り

烈士記念碑

ハノイ城 P60、122
Thành Cổ Hà Nội

バイン・クォン・タイン・ヴァン

端門

徒歩
約3分

Hàng Vải

Phùng Hưng

Cửa Đông

Hàng Gà

Bát Sứ

国防省

Lý Nam Đế

Bát Đàn

チャー・カー・タンロン

P104 フォー・ザー・チュエン
Phở Gia Truyền

Hàng Nó

Ngõ g Nguyễn Tri Phương

国旗掲揚台

軍事博物館 P123
Bảo Tàng Lịch Sử Quân Sự Việt Nam

ハイランズ・コーヒー

ブン・ボー・
ナン・ボー

レーニン像

Điện Biên Phủ

バンザ・マーケット

カフェ・ギア

Trần Phú

Cao Bá Quát

P110 ソファ・カフェ＆ビストロ
Xofa Café & Bistro

グエンタイホック通り

P123 ブタ・カフェ
PUKU CAFE

Hàng Bông

Nguyễn Thái Học

P111 ハノイ・ソーシャル・クラブ
The Hanoi Social Club

ハンボン通り

Nguyễn Khuyến

ベトドゥック病院

エリア Navi　旧市街は細い路地が網の目状に広がっているが、交通量が多く大渋滞になっていることも。店先に山積みになった商品に気を取られていると車やバイクに接触する危険もあるので、周囲には目を配るように心がけよう。

N
0   100m

ハノイ旧市街

Hàng Dậu
Cầu Long Biên
ロンビエン駅
ムカウ通り P113
Gầm Cầu
セランカフェ＆ラウンジ
P10 Serein Café & Lounge
ハン・ロアン P113
Hàng Loan
ハンガイ通り P113
Hàng Khoai
Phúc Tân
Sông Hồng（紅江）
ホン川（紅河）
電気バス乗り場
ドンスアン市場
Chợ Đồng Xuân P113
Đồng Xuân
カウ・ドン通り
Cầu Đông
Thanh Hà
タインハー通り
クア・ハン P113
Cửa Hàng
Hàng Chiếu
チャンニャットズァット通り
Trần Nhật Duật
チュンズオン橋
ハンチエウ通り P113
ハーリエン P114
Hà Liên
Hàng Dương
Nguyễn Siêu
Đào Duy Từ
旧市街
白馬最霊祠
Hàng Buồm
Tạ Hiện
Mã Mây
チャー・カー・ラヴォン
Chả Cá Lã Vọng P106
ランオン通り P108
Lãn Ông
ハンボム通り
チェー・ボン・ムア
Chè Bốn Mùa
Hàng Ngang
Lương Ngọc Quyền
ブン・チャー・ター P105
Bún Chả Ta
ミン・ディエップ
Minh Điệp P113
シンツーリスト
The Sinh Tourist
マーマイの家
Hàng Muối
チャンクアンカイ通り
Phúc Tân
ハンボー通り P113
Hàng Bố
P125 ラ・シエスタ・クラシック・マーマイ H
La Siesta Classic Mã Mây
Hàng Bạc
カフェ・ザン P111
Cafe Giảng
ン・チャー・ダック・キム
Chả Cá Đắc Kim
ハンバック通り
Đinh Liệt
Nguyễn Hữu Huân
Hàng Tre
P113 フック・ロイ
Phúc Lợi
Lương Văn Can
Hàng Đào
Gia Ngư
P114 ハノイア
Hanoia
ドラゴンフライ P115
Dragonfly
カフェ・フォー・コー P11
Café Phở Cổ
Hàng Thùng
サパ・ショップ P117
Sapa Shop
タン・
ハンガイ通り Hàng Gai
ホア・ベオ P109
Hoa Béo
ツーリスト
インフォメーション
噴水
電気バス乗り場
Cầu Gỗ
タン・ロン水上人形劇場 P120
Nhà Hát Múa Rối Thăng Long
Hầm Tử Quan
メティセコ
カフェ29
カウ・ゴー P103
Lầu Cầu Gỗ
Lò Sũ
ハンザウ通り
ハイ・ガーデン
タンミー・デザイン P116
Tanmy Design
Hàng Vôi
Trần Quang Khải
P117 チエ
Chie
玉山祠 P102
Đền Ngọc Sơn
リータイトー通り
ナグ P116
nagu
ANZ
バンク
Lê Thái Tổ
Ngõ Huyện
Lý Quốc Sư
ラ・プレイス
ホアンキエム湖 P102
Hồ Hoàn Kiếm
Đinh Tiên Hoàng
ハノイ市政府
タンロン・H
オペラ
P116 フーラ・ラー
Huulala
コン・カフェ P111
Cộng Cà Phê
Lê Chung
Trần Nguyên Hãn
ハノイ大教会 P103
à Thờ Lớn Hà Nội
ロータス水上人形劇 P120
Múa Rối Nước Bông Sen
亀の塔

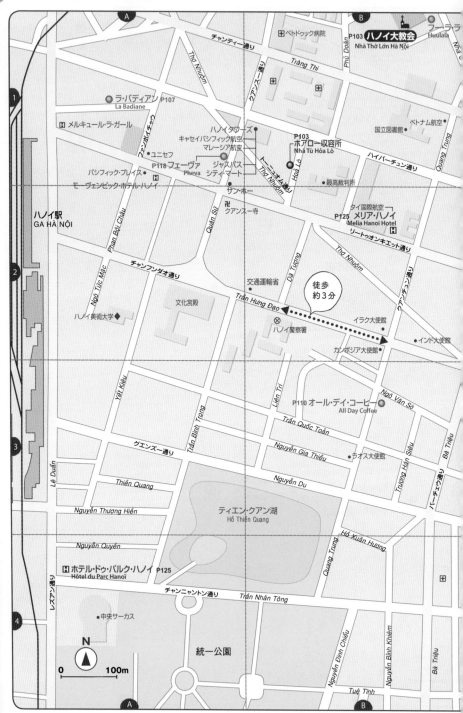

上記エリアの北東部には、高級ホテルが集まる評判のよいレストランも数多く集まっている。ハノイは比較的治安はよいが、ディナー後、ホテルへ戻るのが遅くなるなら、タクシーを利用したい。

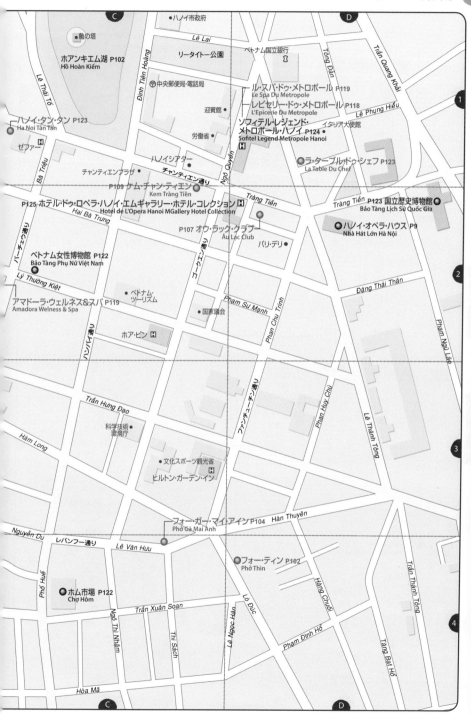

亀の塔

ホアンキエム湖 P102
Hồ Hoàn Kiếm

ハノイ市政府

Lê Lai

リータイトー公園

ベトナム国立銀行

ハノイ・タン・タン P123
Hanoi Tân Tân

中央郵便局・電話局

迎賓館

労働省

ル・スパ・ドゥ・メトロポール P119
Le Spa Du Metropole

レピセリー・ドゥ・メトロポール P118
L'Epicerie Du Metropole

ソフィテル・レジェンド・
メトロポール・ハノイ P124
Sofitel Legend Metropole Hanoi

イタリア大使館

Lê Phụng Hiếu

1

ゼファー

ハノイシアター

チャンティエンプラザ

チャンティエン通り

ケム・チャン・ティエン P109
Kem Tràng Tiền

ラ・ターブル・ドゥ・シェフ P123
La Table Du Chef

P125 ホテル・ドゥ・ロペラ・ハノイ・エムギャラリー・ホテル・コレクション
Hotel de L'Opera Hanoi MGallery Hotel Collection

Hai Bà Trưng

Tràng Tiền

Tràng Tiền P123 国立歴史博物館
Bảo Tàng Lịch Sử Quốc Gia

P107 オウ・ラック・クラブ
Âu Lạc Club

ハノイ・オペラ・ハウス P9
Nhà Hát Lớn Hà Nội

パリ・デリ

ベトナム女性博物館 P122
Bảo Tàng Phụ Nữ Việt Nam

Đặng Thái Thân

2

Lý Thường Kiệt

ベトナム・
ツーリズム

Phạm Sư Mạnh

アマドーラ・ウェルネス&スパ P119
Amadora Welness & Spa

国家議会

ホア・ビン

Trần Hưng Đạo

Hàm Long

科学技術
環境庁

Phan Huy Chú

Lê Thánh Tông

3

文化スポーツ観光省

ヒルトン・ガーデン・イン

フォー・ガー・マイ・アイン P104
Phở Gà Mai Anh

Hàn Thuyên

Nguyễn Du

レバンフー通り

Lê Văn Hưu

フォー・ティン P102
Phở Thìn

ホム市場 P122
Chợ Hôm

Trần Xuân Soạn

Hàng Chuối

4

Phạm Đình Hồ

Hòa Mã

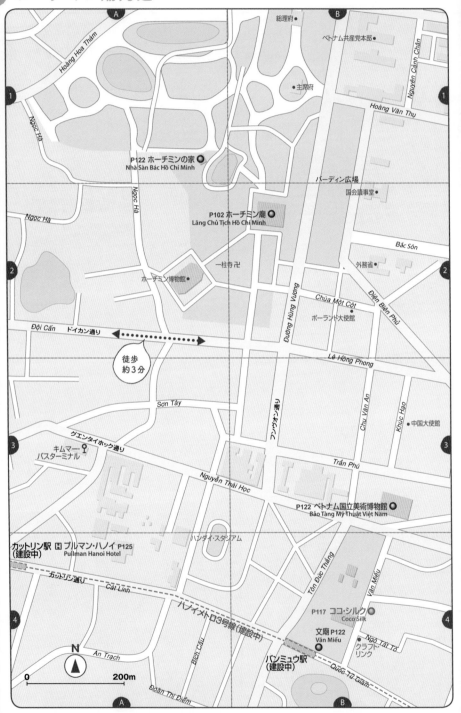

エリア Navi　国会議事堂や大使館など政治の中枢機関が点在し、緑も多いエリア。ホーチミン廟から文廟までは歩くと20分近くかかるが、涼しい時期ならおさんぽ気分で歩くこともできる。

ハノイ市内交通

ハノイは比較的コンパクトな街なので、旧市街～ホアンキエム湖周辺なら徒歩で回れる。そのほかのエリアへはバスと旧市街を走る電気バス、またはタクシーを利用することになる。住所表記や横断時の注意はホーチミンと同様。

旧市街周辺は交通量が多い

タクシー

Taxi
タックシー

街なかでの移動など、最もよく利用する交通機関。会社ごとに車体の色は異なり、料金はメーター制。ホテル前から乗車するか街なかで流しを拾う。乗り方はホーチミン（→別冊 P16）と同様。

○料金
初乗り料金は車体の大きさや会社により異なるが、500mで1万1000VND。以降は1kmごとに1万7600VND程度が加算される。

 注意ポイント

○ 土地勘のない旅行者の場合、わざと遠回りをされることもある。地図を参考に目的地までの道順を確認しながら利用しよう。
○客待ちをしているタクシーより流しのタクシーの方が、比較的良心的なドライバーが多い。トラブルが発生したときのために、車体番号やタクシー会社名をチェックしておこう。

メトロ
Xe Điện ngầm
セディエン ナム

2021年11月にカットリン駅～イエンギア駅約13kmをつなぐ2A号線が開通。今後も複数路線が開通予定。

●メトロに乗ってみよう

1 チケットの購入

ICカード状のものを窓口もしくは券売機で購入。運賃は1回8000～1万5000VNDで一日乗車券や定期券の販売もある。

2 改札で

改札でチケットをタッチし乗車。5時30分～22時30分、6～10分間隔で運行。

3 車内で
現在地を示してくれるので安心。改札を出るときはチケットを投入口に入れる。

旧市街電気バス
Xe Điện Đồng Xuân
セディエン ドンスアン

旧市街とホアンキエム湖間を周遊する7人乗りのオープン電気カーで、夏の暑い時期などに便利。乗り場はホアンキエム湖畔（別冊MAP●P21C3）とドンスアン市場（別冊MAP●P21C1）前の2カ所。周遊ツアーと片道乗車での利用が可能。

○運行時間／料金
運行は8時30分～16時30分、19～23時。貸切り利用は1台24万5000VND/30分、36万VND/1時間。チケットは乗り場のチケットブースで購入する。

トラブルに注意！
バイクタクシーは事故や料金トラブルが多いので、利用は避けた方が無難。人力車のシクロも料金トラブルなどが発生しているため、利用するなら乗車が組み込まれたツアー利用がベター。

バス

Xe Buýt
セーブイッ

黄色や赤、緑色などの車体で、市内各所を網羅する路線バス。バス停にはベトナム語で行き先、路線番号が書かれている。観光客には乗りこなすのが難しいので、利用する場合は便利な路線を覚えておこう。

○運行時間／料金
運行は路線によって異なるが、朝5時～20時30分ごろまでで、5～15分間隔で運行。主要路線はかなり頻繁に運行している。料金は7000～9000VND。

○バッチャンへは47A番バスを利用
ロンビエン・バスターミナル（別冊MAP●P21C1）からバッチャン（→P128）まで、5時40分～20時ごろの間に約30分間隔で運行している。個人でバッチャンへ行く際に活用するといい。

※メトロは2A号線の情報のため、他の路線は異なる場合がある。最新情報を要確認

指をさして簡単注文♪
ベトナムの必食メニューカタログ

 南部

ゴイ・クオン
Gỏi Cuốn

豚肉、エビ、モヤシ、ニラ、香草、米麺ブンなどをライスペーパーで巻いた生春巻。ピーナッツ入りの味噌ダレにつけて食べる。

 北部

チャー・ヨー
Chả Giò

具をライスペーパーで包んだ揚げ春巻。香草などと一緒にレタスで巻いて食べる。北部ではネム・ザーンともよばれる。

中部

バイン・ベオ
Bánh Bèo

米粉を溶いた生地を小皿または専用の型に入れ、蒸しあげたフエ料理。もちもちとした食感が女性に人気でペロリと食べられる。

北部

ゴイ・ドゥー・ドゥー
Gỏi Đu Đủ

熟していない青いパパイヤを千切りにし、干しエビ、豚肉などと、甘酸っぱいタレで和えたサラダ。さっぱりとした味。

 中部

チャー・カー・チエン
Chả Cá Chiên

ベトナム風さつま揚げ。新鮮な白身魚をすりつぶして作り、栄養も満点。ディルの葉を混ぜたものは香りがよくておすすめ。

全国

ダウ・フー・チエン・サー・オット
Đậu Hủ Chiên Sả Ớt

揚げ豆腐の上に、味付けして揚げたレモングラスとトウガラシを振りかけた一品。トウガラシが入っているが辛味は少ない。

 南部

バイン・セオ
Bánh Xèo

米粉と緑豆の粉をココナッツミルクで溶いた生地を薄焼きにした、ベトナム風お好み焼。葉野菜で巻いて食べる。

 全国

ゲウ・ハップ・サー
Nghêu Hấp Sả

ハマグリのレモングラス蒸し。貝の身だけでなく、レモングラスの爽やかな香りのスープも絶品。

中部

チャオ・トム
Chạo Tôm

エビのすり身をサトウキビに巻きつけて炭火で焼いたちくわ。ブンや香草などとライスペーパーで巻いて食べる。

 南部

カー・タイ・トゥーン・チエン・スー
Cá Tai Tượng Chiên Xù

ミトーなどのメコンデルタでおなじみのエレファント・フィッシュのから揚げ。見た目はグロテスクだが淡白な味わい。

 全国

オック・ハップ・サー・ニョイ・ティット
Ốc Hấp Sả Nhồi Thịt

タニシの身と豚肉をたたいてタニシの殻につめ、蒸したもの。タニシのコリコリとした歯触りがクセになる。

北部

チャー・カー・ラー・ヴォン
Chả Cá Lã Vọng

鍋に油をうすくひき、雷魚などの白身魚をディルとともに揚げたもの。ハノイ名物で、料理名が通り名になったほど有名。

 まめちしき 塩気を効かせたさっぱりした味付けが特徴の北部料理。具材や添えられるハーブなども少なめで、シンプルなものが多い。タイ湖やホン河などがあることから、淡水魚や貝類を使った料理が豊富。

甘味、辛味、塩気、酸味、コク。ベトナムでは人が感じる味の要素がすべて合わさったものが美味とされる。メインからスープまで、混然一体となった味のハーモニーがベトナム料理の真髄。

ティット・コー・ヌック・ユア
南部

Thịt Kho Nước Dừa

ほろほろになるまでコ
コナッツジュースで煮
込まれた豚
の角煮。豚肉に添えられる、味が
しみ込んだ煮卵も美味。

カイン・ガー・チエン・ヌック・マム
全国

Cánh Gà Chiên Nước Mắm

ヌック・マムに漬
けた鶏の手羽先
のから揚げ。少
し辛みと塩気を
効かせた味付け
で、パリパリの皮
が美味。

ボー・ラー・ロット
中部

Bò Lá Lốt

牛肉ミンチを
をロットと
よばれる葉
で巻き、炭
火焼にした
もの。クセのあるマム・ネムという
ソースで食べる。

ソイ・ガー
全国

Xôi Gà

鶏のスープで炊
き上げたもち米
の上に、鶏肉や
揚げニンニクを
のせた鶏おこわ。
少量で出てくる
ことが多い。

コム・ラー・セン
中部

Cơm Lá Sen

蓮の実とともに、
米を蓮の葉で包
み蒸したもの。蓮
の葉の香りが、食
欲を刺激。元は
中部フエの宮廷
料理。

コム・ガー
中部

Cơm Gà

ごはんの上に蒸
してローストした
鶏のぶつ切りを
のせて食べる。
鶏肉のダシで炊
き上げたごはん
はおかわり必須。

ラウ・ハーイ・サン
全国

Lẩu Hải Sản

白身魚やエビ、イ
カ、ハマグリなど、
新鮮な魚介をふ
んだんに使った
シーフード鍋。米
麺ブンが付いてく
るのが一般的。

カイン・チュア
南部

Canh Chua

ベトナム料理
理を代表す
るトマトの
酸味が効い
た甘酸っぱ
いスープ。雷魚などの白身魚、た
っぷりの野菜が入る。

フォー
北部

Phở

ハノイ発祥の米
麺料理。牛肉の
フォー・ボー、鶏
肉のフォー・ガー
の2種類が定番。
好みの調味料で
味を整える。

フー・ティウ
南部

Hủ Tiếu

コシのある細い
米粉の乾麺を使
った南部発祥の
麺料理。エビや
豚肉、ニラ、モツ
など具だくさん。豚
骨スープが特徴。

ブン・ボー・フエ
中部

Bún Bò Huế

ピリっと辛い、中
部フエ名物の米
麺料理。米麺ブ
ンに牛肉や豚足
などが入り、サテ
とよばれるラー油
を加えて食べる。

ブン・チャー・ハ・ノイ
北部

Bún Chả Hà Nội

焼肉と小ぶ
りのハンバ
ーグととも
に、生野菜
と米麺ブン
を甘めのタレで食べるつけ麺料
理。揚げ春巻などと一緒に。

シーン別 カンタン会話（ベトナム語）

※ベトナム語は地方によって若干異なる。ここでは南部ベトナム語を記載。

Scene 1 あいさつ

こんにちは	ありがとう
Xin chào.	Cảm ơn.
シン チャーオ	カーム オン

Scene 2 意思を伝える

はい	いいえ
Vâng.	Không.
ヴァン	ホーン

わかりました	わかりません
Tôi hiểu rồi.	Tôi không hiểu.
トイ ヒェウ ローイ	トイ コン ヒェウ

Scene 3 観光スポットで

写真を撮ってもいいですか？	トイレはどこですか？
Tôi chụp hình có được không?	Nhà vệ sinh ở đâu?
トイ チュップ ヒーン コー ドゥオック コン	ニャー ヴェ シン アー ダウ

Scene 4 レストランで

注文をお願いします	これをください
Cho tôi gọi món.	Cho tôi món này.
チョー トイ ゴイ モーン	チョー トイ モーン ナイ

とてもおいしいです	コリアンダーを抜いてください
Ngon quá.	Bỏ ngò rí ra cho tôi.
ゴン クァー	ボー ゴー リー ラ チョー トイ

氷を入れないでください	お会計をお願いします
Đừng cho tôi đá.	Tính tiền.
ドゥーン チョー トイ ダー	ティン ティエン

クレジットカードは使えますか？	お釣りが違っています
Có dùng thẻ tín dụng được không?	Tiền thối sai rồi.
コー ユン テー ティン ユン ドゥオック コン	ティエン トイ サイ ローイ

Scene 5 ショップで

いくらですか？	割引きしてください
Bao nhiêu tiền?	Bớt đi.
バオ ニェウ ティエン	ボッ ディー

試着してもいいですか？	この部分が壊れています
Tôi thử được không?	Chỗ này bị hư rồi.
トイ トゥー ドゥオック コン	チョー ナイ ビ フ ローイ

別々に包んでください	領収書をください
Gói riêng dùm tôi.	Cho tôi lấy hóa đơn.
ゴイ リエン ユーム トイ	チョー トイ ライ ホア ドン

よく使うからまとめました♪

数字

0	Không	コン
1	Một	モッ
2	Hai	ハイ
3	Ba	バー
4	Bốn	ボン
5	Năm	ナム
6	Sáu	サウ
7	Bảy	バイー
8	Tám	ターム

9	Chín	チン
10	Mười	ムオイ
15	Mười lăm	ムオイ ラム
100	Một trăm	モッ チャム
1000	Một ngàn	モッ ガン
1万	Mười ngàn	ムオイ ガン
10万	Một trăm ngàn	モッ チャム ガン
100万	Một triệu	モッ チエウ

レート

1万VND ≒ 62円

（2023年6月現在）

書いておこう♪
両替時のレート

1万VND ≒ [　　]円